G.

A 2.

ITINERAIRE
DES ROUTES
LES PLUS FRÉQUENTÉES,
OU
JOURNAL
D'UN VOYAGE
AUX VILLES PRINCIPALES
DE L'EUROPE;

Où l'on a marqué, en heures & minutes, le temps employé à aller d'une Poſte à l'autre; les diſtances en milles anglois, meſurées par un *Odometre* appliqué à la voiture; le produit des contrées, la population des villes, les choſes remarquables à voir dans les villes & ſur les routes, les auberges, &c. &c.

ON Y A JOINT

Le Rapport des Monnoies & celui des Meſures itiné-raires & linéales, ainſi que le Prix des chevaux de poſte des différents Pays.

Par M. DUTENS, membre aſſocié libre étranger de l'Académie royale des Inſcriptions & Belles-Lettres.

A PARIS,

Chez PISSOT, Libraire, Quai des Auguſtins, près la rue Gilles-Cœur.

M. DCC. LXXV.
Avec Approbation & Privilége du Roi,

AVERTISSEMENT.

NOus avons beaucoup de Livres de
Voyages ; mais il y en a peu où l'on
trouve ce dont un Voyageur a le plus de
besoin pour avancer commodément en sa
route.

Dans les courses que j'ai faites en différentes parties de l'Europe , j'ai eu la pré-
caution de noter quelques observations de
fait, qui pourront être utiles à ceux qui au-
roient occasion de faire le même chemin.

Les Tables qui se trouvent au commencement de cet Itinéraire, sont nécessaires; &
j'ose dire qu'elles sont les plus correctes qui
aient paru dans ce genre ; car je ne crois pas
que l'on ait encore imprimé des Tables de
Rapports des mesures itinéraires & des mesures linéales de toute l'Europe , sur lesquelles on puisse compter. Toutes les mesures
que l'on donne ici sont prises sur les lieux.
Les mesures itinéraires sont comparées par
le moyen d'un *Odometre* (a) appliqué à une

_____

(a) Instrument de méchanique , servant à mesurer les di-
stances, & composé de six roues , quatre pignons & un
ressort. On le place sur l'aissieu du carrosse, d'où il répond
à la grande roue.

chaife de pofte angloife , avec lequel on a
mefuré la partie la plus fréquentée des routes de l'Europe, en milles anglois ; & les autres mefures itinéraires de l'Europe peuvent
être réduites au mille anglois par la Table
des Rapports de ces mefures entre elles.

On a cru de plus qu'il feroit à propos de
donner un autre moyen de connoître les
diftances par le temps employé fur la route ;
ce qui eft encore plus utile que toute autre
maniere d'en juger, car les mêmes diftances
ne fe parcourent pas dans un temps égal
en tout temps & en tout pays ; & il eft plus
néceffaire , en partant le matin, de fçavoir
combien d'heures il faut pour arriver à tel
gîte , que d'être informé de la longueur du
chemin : cela fait que l'on s'arrange en con-
féquence pour partir plutôt ou plus tard,
felon qu'il eft convenable. Ceux qui ne fui-
vront pas la même route que j'ai tenue ,
auront égard à la différence qu'il doit y avoir
pour le temps entre monter & defcendre.
Sur la route de Toulon à Nice , par exem-
ple , j'ai mis deux heures & demie pour aller de *Fréjus* à l'*Eftrelles* , & une heure & vingt
minutes feulement de l'*Eftrelles* à *la Napoule* ;

mais il eſt clair que celui qui fera le même chemin, en venant de Nice à Toulon, fera au contraire plus de deux heures à aller de *la Napoule* à l'*Eſtrelles*, (chemin que j'ai fait en une heure & vingt minutes) & ne fera probablement pas une heure & demie à aller de l'*Eſtrelles* à *Fréjus*, (parce qu'il deſcendra la montagne) pendant que j'ai été deux heures & demie à la monter. Comme j'ai eu ſoin de marquer la vue des différents pays, ou les montagnes remarquables, chacun pourra tirer ſes concluſions en conſéquence ; au reſte, on aura toujours la longueur exacte du chemin ; ce qui reviendra au même pour le total de la journée. Ceux qui ſuivront la route que j'ai tenue, n'auront qu'à jetter les yeux ſur cet Itinéraire pour être au fait de ce qui les regarde.

J'ai eu auſſi l'attention d'indiquer toutes les rivieres que l'on doit paſſer en bateau, ayant ſouvent éprouvé combien il étoit deſagréable, & quelquefois dangereux, de partir au coucher du Soleil pour faire une poſte de plus, & de trouver à l'entrée de la nuit un fleuve rapide à paſſer en bateau avec des voitures & des chevaux, quelquefois au hazard de périr ; fur-tout quand on trouve les rivieres débordées , comme il m'eft arrivé quelquefois ; au lieu que fi l'on eft bien informé de la nature de la route , on refte à une ou deux poftes de là ; & l'on remet le paffage de la riviere au lendemain.

On trouvera indiquées ici les bonnes & les mauvaifes auberges , non-feulement des grandes villes , mais des bourgs & des villages. Outre celles que j'ai marquées, pour y avoir logé , j'ai mis en lettres majufcules ou italiques les lieux où l'on peut efpérer de trouver un gîte, quand on ne peut pas, ou que l'on ne veut pas fuivre la marche indiquée ici. Quelquefois les bonnes auberges deviennent mauvaifes après quelques années, & les mauvaifes au contraire deviennent meilleures par les changements d'hôtes feulement. Quand cela fe trouveroit ainfi, il ne feroit pas jufte de me l'imputer comme un défaut d'exactitude ; & cette partie de l'Itinéraire n'en fera cependant pas moins utile en général. Ces changements d'ailleurs n'arrivent que très-rarement, parce que lorfque les maifons ont été une fois bien montées pour tenir auberge , elles fe foûtiennent long-temps fur le même pied de bien recevoir , malgré les changements d'hôtes.

J'ai donné un précis des chofes remarquables à voir dans les villes où l'on paffe, & dans celles où l'on s'arrête. On ne doit regarder cette partie que comme un abbregé , ou, fi l'on veut, un Index. Mais il fera facile aux curieux de fe pourvoir de defcriptions des pays qu'ils defireront vifiter plus particulierement; ou bien ils les trouveront fur les lieux mêmes. Il y a peu de villes confidérables dont on ne trouve un plan & une defcription plus ou moins étendue dans des ouvrages compofés pour cet effet, ou dans les Calendriers , ou à la marge des plans des villes. La premiere chofe que l'on doit faire en arrivant dans une grande ville , eft d'en envoyer chercher le *Plan*, la *Defcription* & le *Calendrier*. On s'amufe de cela en attendant le fouper , & le lendemain on fçait déja ce que l'on a à faire , & l'on peut difpofer de fa journée , fans être obligé de fe mettre entierement fous la direction d'un Laquais de louage. On peut auffi faire , en voyageant, une excellente collection de Cartes géographiques, en achetant dans chaque Province la meilleure Carte des environs de la Capitale , & celle de la Province sur la plus grande échelle : c'est encore un amusement sur la route ; on y lit dans sa chaise les noms des rivieres & des montagnes, que les Postillons sçavent rarement : on y voit les situations des lieux, &c. &c. Cela ne tient pas beaucoup de place au fond d'un coffre , & au retour de ses voyages on se trouve avoir une meilleure collection de Cartes des pays que l'on a parcourus, que l'on ne pourroit la faire à Paris ou à Londres.

Voilà tout ce que j'ai pu faire de mieux pour me rendre utile à cet égard. Si l'Itinéraire n'est pas plus étendu , c'est que je n'ai pas voyagé davantage , & que je n'ai voulu parler que de ce que j'avois vu.

DIFFERENTES TABLES.

AVIS.

Comme il étoit essentiel de faire une réduction particuliere des Mesures & des Monnoies, & de leur donner nécessairement un terme de comparaison quelconque, on a trouvé plus commode de les rapporter aux mesures & à la monnoie d'Angleterre, parce qu'outre que les Anglois seuls voyagent plus que toutes les Nations ensemble, les autres Voyageurs n'en trouveront pas moins dans ces Tables les rapports qui leur conviendront.

TABLES DES RAPPORTS

DE LA DEPENSE EN VOYAGE

EN ANGLETERRE, EN FRANCE ET EN ITALIE.

Explication du Tableau cy-contre.

ON fuppofe ici que chaque pofte eft d'environ 14 milles en Angleterre ; 5 milles, ou deux lieues en France ; & 9 milles en Italie : que l'on fait 60 milles par jour en Angleterre ; dix poftes en France, cinq poftes en Italie. Le rapport des monnoies eft ici de 10 fols & demi fterling par livre de France ; de 6 fols fterl. par *paolo* ; de 20 *paoli* par *zechin*. On paffe dans cette Table un demi-écu par jour, d'argent à dépenfer, aux Officiers ou domeftiques fans livrée, en Angleterre ; deux livres en France ; 3 paoli en Italie. Aux domeftiques de livrée, 1 shelling 6 fols en Angleterre ; 35 fols en France ; 3 paoli en Italie. ─Pour la dépenfe dans les auberges, on compte en Angleterre 2 livres 10 shel. fterling ; 2 louis en France ; 4 zecchins en Italie. Le tout eft réduit à un compte certain, par mille, par pofte, & par jour.

Les chiffres ordinaires font en monnoie d'Angleterre ; les chiffres plus gros font en monnoie de France ou d'Italie fous leurs colonnes refpectives.─ Livres fterl., shellings, fols & décimales. ─ Louis d'or, livres, fols. ─zechins, *paoli, foldi.*

PREMIERE TABLE. *Dépense en détail.*

SECONDE TABLE. *Dépense pour un grand train.*

CHEVAUX, POSTILLONS, &c.	ANGLETERRE. Par Mille. l. f. d.	FRANCE. Par Mille anglois. l. f. d. déc.	Par Poste. l. f. d. déc.	ITALIE. SEPTENTRIONALE. Par Mille anglois. l. f. d. déc.	Par Poste. l. f. d. déc.	MÉRIDIONALE. Par Mille anglois. l. f. d. déc.	Par Poste. l. f. d. déc.
1 Cheval de chaise.	4 ½	2 62	1 1 15 — $1^l.$ $5^f.$	3 67	2 9 — $5^f.$ $10^f.$	2 67	2 — $4^p.$
1 Cheval de felle.	3	2 62	1 1 12 — $1^l.$ $5^f.$	3 33	2 6 — $5^f.$	2	1 6 — $3^p.$
1 Postillon. B.R	1 ½	2 10	10 50 — $1^l.$	2	1 6 — $3^p.$	2	1 6 — $3^p.$
1 Palefrenier.	0 ¾			0 66	6 — $1^p.$	0 66	6 — $1^p.$
Argent à dépenser d'un Offic.	0 ½	0 42	2 10 — $4^f.$	0 48	4 30 — $15^f.$	0 48	4 30 — $15^f.$
Argent à dépenser d'un Domeftique en livrée.	0 4/10	0 36	1 82 — $3^f.$½	0 40	3 60 — $12^f.$	0 40	3 60 — $12^f.$
Carroffe à 4 chev. en Angl. 6 en France & en Italie.	3 3	1 3 ½	6 6 ½ — $7^l.$ $10^f.$	1 10 zechini.	16 6 1 $13^p.$	1 4 zechini.	12 — 1 $4^f.$
Chaise à 2 chev. en Angl. & en Italie, & 3 en France.	9	8	3 3 — $3^l.$ $15^f.$	7 ½	5 6 — $11^p.$	5 ½	4 — 8 $8^p.$
3 Chevaux de felle.	9	8	3 3 ½ — $3^l.$ $15^f.$	10	7 6 — $15^p.$	6	4 6 — 9 $9^p.$
3 Poftill. en Angl. 4 en France & en Ital. & le Palefrenier.	4 ½	8 ½	3 6 — $4^l.$	8 ½	6 6 — 1 $13^p.$	8 ½	6 6 — 1 $13^p.$
3 Officiers & 3 Laquais, pour argent à dépenser.	2 ½	2 ½	11 ½ — $1^l.$ $2^f.$½	2 ⅔	11 ½ — $4^p.$ $1^f.$	2 ⅔	1 11 ¾ — $4^f.$ $1^f.$
Auberges,	10	10	4 16 — $4^l.$ $16^f.$	10 ⅔	8 — $16^p.$	10 ⅔	8 — $16^p.$
Barrieres, Bacs, Caffiels, à 1 liv. fterling par jour.	4	5	2 1 — $2^l.$ $8^f.$	5 ⅔	4 — $8^p.$	5 ⅔	4 — $8^p.$
TOTAL par Mille & par Poste.	4 6 ½	4 9 ½ louis d'or. 1	1 3 10 $3^l.$ $6^f.$½	5 6 ⅔ zechini.	2 9 11 ½ 5 1 $1^f.$	4 6 ½ zechini.	2 2 11 ¾ 4 $2^f.$ $1^f.$
TOTAL par jour.	13 11 3	11 18 11 ½ 11 $9^f.$ $5^f.$		12 10 25 $5^f.$		10 5 20 $10^p.$	3 $5^f.$

RAPPORT

Des Mesures linéales de différents Pays,

EN POUCES ET DÉCIMALES.

PAYS.	Pied.	Yard ou verge	Aune.	Toise.	Vara.	Palme.	Braccio.	Canne.	Ras.
Londres	12 00	36 00	45 00	72 00					
Edinbourg	12 06		37 20						
Paris	12 80		46 78	76 80					
Rhinland	12 36								
Amsterdam	11 17		26 80						
Madrid					33 06				
Turin	20 17		121 02						23 50
Gênes					Soie.	9 60		87 60	
					Drap ou toile.	9 80			
Venise	13 68					Soie.	25 30		
						Drap ou toile.	27 00		
Florence						Soie.	22 80		
						Drap ou toile.	22 91		
Rome						9 70	34 27	78 00	
Naples						10 31		82 90	
Milan							20 70		
Bologne							24 50		
Parme							26 90		
Plaisance							26 90		

AUTRE RAPPORT

DES MESURES

DE PARIS ET DE LONDRES.

LE pied quarré de Paris eſt au pied quarré de Londres, comme 17. 025 à 15 ; en forte que 15 pieds quarrés de Paris font environ 17 pieds quarrés de Londres.

L'arpent de paris eſt de 100 perches ; la perche eſt de 18 pieds ⹀ meſure linéale, qui font 324 pieds quarrés ; leſquels, multipliés par 100, donnent 32,400 pieds quarrés (ou 36,720 pieds anglois en quarré) pour l'arpent ; — mais ſelon la meſure royale, une perche eſt de 22 pieds, meſure linéale, & par conſéquent de 484 pieds en quarré, qui, multipliés par 100, donnent 48,400 pieds de Paris en quarré, (ou 54853 - 36 décimales pieds anglois en quarré.) —

D'où il réſulte que ce dernier arpent eſt un peu plus d'un *acre* & un quart anglois.

RAPPORT

DES MESURES ITINERAIRES.

ANGLETERRE.

LE mille anglois eft de 1760 *yards* ou verges, environ 830 toifes de France.

La verge eft de trois pieds anglois.

FRANCE.

La petite lieue de France eft de 2090 ⎫
La moyenne lieue . . . . 2450 ⎬ toifes.
La grande lieue . . . . . 2853 ⎭

La toife de France eft de 76 pouces 3 quarts
anglois ; par lefquels, fi l'on multiplie 2450
toifes, qui font une lieue moyenne de France, on aura 15670 pieds 9 pouces anglois,
on 5223 verges 9 pouces ; d'où il réfulte que
la lieue moyenne de France eft de 57 verges
9 pouces plus longue que trois mille anglois,
qui font 5280 verges.

Trois milles anglois . . . . . . 5280 verg.
Lieue moyenne de Fr., 2450 toi. ou 5223
_____

Différence   57

M. d'Anville évalue le mille anglois à 826 toifes

de France; mais en admettant les rapports des pieds de France & d'Angleterre, qui font calculés avec la plus grande précifion dans la Table précédente, on ne peut fe difpenfer de lui donner 831 toifes de France.

PIEMONT.

Le mille de Piémont eft de 800 *trabucchi*.

. . Le *trabucco* eft de 6 pieds de Piémont.

Le pied de Piémont eft de 20 pouces 17 centiemes Angleterre.

D'où il réfultera que le mille de Piémont eft de 2688 verges & 10 pouces d'Angleterre, ou un mille & demi anglois & 48 verges & 10 pouces.

Les poftes de Piémont font d'environ 5 milles du pays, 7 milles & demi anglois.

GENES.

Le mille de Gênes eft à peu près le même que celui de Piémont.

PARME.

A l'éntrée des Etats de Parme on commence à compter par *milles d'Italie*, qui font mefurés avec une chaîne, & font d'environ 48 verges plus courts que le mille d'Angleterre.

BOLOGNE ET FLORENCE.

La nouvelle route de Bologne à Florence a été mefurée avec une chaîne; & , d'après les meilleures informations que j'ai pu prendre, il se trouve que l'on compte le mille d'Italie de mille pas géométriques, équivalents à cinq mille pieds de France.

ROME.

Le mille romain est le même que celui dont je viens de parler; c'est toujours le mille d'Italie; &, à très-peu de chose près, le même que le mille ancien des Romains.

ALLEMAGNE.

Le mille d'Allemagne est de 3804 toises de France, selon M. l'Abbé Chape.

Les Allemands le font de 15 milles au degré de latitude.

Je l'ai trouvé répondre à quelque chose de moins que 5 milles anglois.

RUSSIE.

Le *verst* de Russie est de 500 *sazen* (toise) composée chacune de 3 aunes de Russie, ou 7 pieds anglois; il équivaut à peu près à 2 tiers de mille anglois, ou 547 toises de France. On compte 7 versts pour un mille d'Allemagne.

ESPAGNE.

La lieue légale est de 3 milles anglois.

La lieue commune est de 4 milles anglois.

Le migeros, ou mille, est de 716 toises de France.

RAPPORT
DES MONNOIES.

MONNOIE D'ANGLETERRE ET DE FRANCE.

Quarante-quatre guinées & demie pesent une livre d'or, dont onze parties sont d'or pur, & une d'alliage.

Une guinée contient 118 grains & 651 décimales d'or pur, sans alliage.

Mais un louis d'or ne contient que 113 grains 27 décimales anglois d'or pur, sans alliage.

Les grains françois sont aux grains anglois, comme 121. 78 décimales à 100.

Une guinée neuve se paie 24 livres 12 sols à Paris par ceux qui les achetent pour les fondre.

Un écu d'Angleterre contient 429 grains 68 décimales d'argent pur, sans alliage.

Un écu de France contient 409 grains 94 décimales d'argent pur, sans alliage. Le titre de la monnoie d'argent de France est de 261 grains, d'argent pur, sur 27 d'alliage, & celui de la vaisselle, de 274 de pur, sur 14 d'alliage ; mais le titre de la monnoie d'Angleterre est le même que celui de la vaisselle.

Cette

Cette maniere de juger des rapports des monnoies feroit la plus exacte, & je fouhaiterois pouvoir la donner de même à l'égard des autres Pays; mais il ne m'a pas toujours été poffible d'avoir des effais faits avec affez de précifion.

TURIN.

La livre fterling vaut intrinféquement 20 livres de Piémont; mais il eft rare que le change ne foit pas contre Londres, & alors on n'a que 19 livres 5 fols, ou 19 livres 10 fols pour le fterling.

Le 4 Juillet 1769 le change étoit tombé à 18 liv. 14 fols; ce qui n'étoit pas arrivé de 10 ans; en forte que pour 200 livres fterling je ne reçus que 3740 livres de Piémont, commiffion payée.

GENES.

La livre fterling vaut 28 livres de Gênes.

Le zechin de Florence eft de 13 livres 10 fols de Gênes.

Le louis d'or de France vaut 29 l. 4 f. de Gênes.

Un Piaftre, ou dollar d'Efpagne, a cours pour 6 livres 10 fols.

Comme je ne veux faire mention que de ce j'ai vu, j'entens parler feulement ici du cours des monnoies dans les années 1769, 70 & 71, & ne répons pas des changements qui peuvent être furvenus depuis.

b

PARME.

La livre de Parme eft de 5 *Baiocchi*, ou *foldi*, fols.

Un *paolo* eft un peu moins de 6 *pence* d'Angleterre, 12 fols de France.

Le zechin de Florence eft de 20 paoli à Parme.

MODENE.

La livre de Modene eft de 6 *baiocchi* ou *foldi*.
Un *paolo* vaut 10 *baiocchi* de Rome.
Un écu romain vaut 10 *paoli*.
Un zechin de Rome vaut 19 *paoli* & demi.
Un zechin de Florence vaut 20 *paoli*.
Il eft bon de faire attention à la différence de la valeur des zechins de Rome, Florence & Venife dans les villes où l'on doit aller, afin de fe charger de la monnoie qui a un cours plus avantageux.

BOLOGNE.

La livre de Bologne eft de deux *paoli*.
Le zechin de Rome vaut 20 *paoli* & demi.
Celui de Florence n'en vaut que 20.

FLORENCE.

La livre de Florence vaut un *paolo* & demi.
Le zechin de Florence vaut 20 *paoli*.
Le zechin de Rome vaut 19 *paoli* & demi.

Suivant le change courant, le 19 Octobre 1769, 100 livres sterling tirées sur Londres, ont produit 201 *zechins* 15 *paoli*.

ROME.

L'écu de Rome vaut 10 *paoli* ; le *paolo*, 10 baiocchi.

Le zechin de Romè vaut 20 *paoli* & demi.

Le zechin de Florence vaut à la Bourse 21 *paoli*, mais n'a cours que pour 20 *paoli* & demi.

Il n'y a de change à Rome qu'avec Paris & Amsterdam.

Le louis d'or s'y prend pour 45 *paoli*, quelquefois seulement 44. La guinée n'y a cours que pour 42 ou 43 *paoli*.

En tirant sur Londres, la livre sterling vaut environ 42 *paoli*.

Le premier Décembre 1768, une lettre de change de 200 livres sterling a produit 840 écus romains, sans compter la commission.

Les comptes se tiennent à Rome en *scudi* (écus) & *baiocchi*.

NAPLES.

Un *onza* vaut 30 *carlin* de Naples, ou 25 *paoli* de Rome, 3 ducats de Naples.

Six *carlini* de Naples valent 5 *paoli* romains ; 5 *onze* valent 6 zechins.

Un ducat d'argent est 10 *carlini*.

b ij

Un écu romain a cours pour 12 *carlini*.

Une livre fterling vaut 52 *carlini*.

Le change avec Londres, le 24 Février 1769, étoit d'un ducat ou 10 *carlini* pour 45 *pence* anglois.

VENISE.

Le zechin romain vaut 21 livres de Venife.

Celui de Florence en vaut 21 & demi.

Le zechin de Venife vaut 22 livres de Venife.

Un *filippo* eft de 11 livres un demi zechin.

Un ducat d'argent eft de 8 livres.

MILAN.

Il y a deux manieres de compter à Milan; l'une que l'on appelle *argent de banque* (*moneta di banco*), dont on fait ufage pour les billets & lettres de change; l'autre, que l'on nomme *cours abufif*; ce qui fe dit de l'argent que l'on emploie à faire des emplettes quelccnques. Toutes les efpeces qui ont cours à Milan valent plus ou moins, relativement à ces deux manieres de compter.

Trente livres, *argent de banque*, valent 32 livres de *cours abufif*.

Le zechin de Florence vaut 14 livres, 13 fols, *argent de banque*, & 16 liv. *cours abufif*.

Le zechin de Venife, la même chofe.

Le zechin de Rome vaut 14 livres 4 fols, *argent de banque*, & 15 livres 10 fols, *cours abufif*.

Le louis d'or vaut 31 livres 12 fols, *argent de banque*. & 34 livres 10 fols, *cours abufif*.

La Piftole d'or de Piémont vaut 41 livres de Milan, *cours abufif*.

La livre fterling eft de 30 livres; *argent de banque*.

GENEVE.

Une piftole d'or eft 10 livres de Geneve.

Une livre de Geneve eft de deux piéces de 10 f. Il n'y a point de piéce de monnoie d'une livre.

L'écu de France de 6 livres, eft de 3 livres 12 fols & demi de Geneve.

Une livre de France eft 12 fols, argent courant de Geneve.

Un louis d'or a cours pour 14 livres 10 fols de Geneve.

Le change de Geneve avec Londres eft de 52 & demi à 56 *pence* anglois pour 3 livres courant de Geneve.

SUISSE.

On compte par livres ou *francs*. Une livre eft de 10 *batz*, ou 30 fols de France.

Le ducat d'or de Berne vaut 72 *batz*, ou 10 livres 16 fols de France.

L'écu de 6 livres de France vaut 4 livres de Berne.

Sept *batz* & demi font 22 fols & demi de France. Un *batz* eft 3 fols; 20 *batz*, un écu.

ALLEMAGNE.

Tous les princes de l'Empire qui battent monnoie, font obligés de fe conformer à la valeur & au titre des efpeces qui font établies par la Diete pour avoir cours dans l'Empire.

On tient les comptes en *rixdales*, *florins* & *creutzers*. La rixdale à Vienne eft d'un florin & demi; le florin eft de 60 *creutzers*; le *creuzter* eft de 4 fenins; 3 *creutzers* font un *groat*. Cette maniere de compter eft ufitée dans tous les Etats de la Maifon d'Autriche, en Boheme, en Souabe, en Franconie, le long du Rhin & du Danube; mais on compte différemment à Drefde, à Berlin, dont nous ferons les articles féparés.

Le louis d'or eft la meilleure efpece de monnoie pour voyager en Allemagne; il a cours pour 11 florins jufqu'à Augsbourg; mais dans les Etats de la Maifon d'Autriche il n'a plus cours que pour 9 florins.

Dans les pays Autrichiens, la monnoie d'or eft en *fouverains* & demi-*fouverains*; de 12 *florins* 40 *creutzers*, & 6 *florins* 20 *creutzers*. Le ducat de Hollande vaut 4 *florins* & 14 *creutzers*. Les ducat de Cremnitz, ceux de Florence & de Venife valent 4 *florins* & 18 *creutzers*; mais le ducat impérial, & ceux de Baviere & de Saltzbourg ne valent que 4 *florins* 16 *creutzers*.

Le 16 Mai 1770, pour 100 livres fterling je reçus 833 florins, & payai en outre 2 livres fterling de commiffion, &c.

La monnoie n'avoit pas tout-à-fait la valeur que je viens de fpécifier ainfi pour les Pays Autrichiens lorfque j'étois à Vienne; mais l'Impératrice - Reine la hauffa, par un Edit du mois de Mars 1771, à la valeur indiquée ici.

DRESDE.

Le ducat de Saxe vaut 2 écus 20 *gros*, ou 4 florins un quart.

Le ducat de Cremnitz, les zechins de Hollande & de Florence ont le même cours. Le florin fe divife en 16 *gros*.

Le 20 Mars 1771, pour 150 livres fterling que j'ai tirés fur Londres, j'ai reçu 300 ducats, dont j'ai payé 6 de provifion.

BERLIN.

Les ducats de Hollande, de Saxe, &c. valent 3 écus; — l'écu vaut 24 *gros*, — le florin eft de 16 *gros*; le *gros*, 12 *fennings*. Le louis d'or vaut 5 écus : il y a de l'agiot pour les louis. Au commencement d'Avril 1771, pour 100 livres fterling j'ai reçu deux cent ducats, dont j'ai payé huit ducats pour commiffion, &c. parce que je n'avois d'autre lettre de crédit que de Vienne, & qu'il falloit payer la provifion du Banquier de Vienne, outre celle du Banquier de Londres.

BRUNSWICH ET HANNOVRE.

Les ducats d'Autriche, de l'Empire, de Hollande, valent 2 écus 16 *gros*; l'écu, 24 *gros*; le florin 16 *gros*.

COLOGNE.

Un ducat cordonné de Hollande vaut 5 florins & un quart, ou 3 rixdallers & demi.

Le ducat de l'Empire vaut 3 rixdallers ⅓.

L'écu de France vaut 1 rixdaller 8 neuv.

Le carolin, ou louis d'or de France, vaut 7 rixdallers 5 neuviemes.

Le *souverain* d'Autriche vaut 10 rixdallers.

Le florin est de 39 *stubers*, ou sols.

Le 26 Avril 1771, pour 100 livres sterling j'ai eu 201 ducats de Hollande, commission payée.

HOLLANDE.

Le ducat de Hollande vaut 5 florins 5 sols.

Le florin est de 20 sols, & vaut environ 1 sheling 8 d. anglois.

Il y a des piéces d'argent d'un florin, d'autres de 23 sols, de 6 & de 5 sols & demi, & des piéces d'or de 7 & de 14 florins.

Le 13 Mai 1771, pour 100 livres sterling j'ai reçu 1070 florins, sur quoi la commission étoit payée.

BRABANT.

Le ducat de Hollande vaut 6 florins, ou 17 *efcalins* & 1 fol.

Le florin vaut 20 fols.

L'*efcalin*, 7 fols

Le *plaquet*, 3 fols & demi, ou demi *efcalin.*

Le double *fouverain* d'Autriche vaut 17 florins 17 fols.

Le louis d'or vaut 37 efcalins 2 fols & 4 deniers ou 13 florins 1 fol & 4 deniers. —

La *couronne* vaut 9 *efcalins* ou 3 florins 3 fols,

LIEGE ET SPA.

Le louis d'or vaut 39 *efcalins.*

La guinée aufli 39 *efcalins.* —

L'*efcalin* eft 10 fols de Liege, environ 6 *pence* anglois.

Deux *efcalins* font un florin.

Le double *fouverain* d'Autriche vaut 53 efcalins.

La monnoie la plus avantageufe à porter eft le louis d'or ou la guinée

PRIX DES CHEVAUX

DE POSTES

Dans les différents Pays de l'Europe.

ANGLETERRE.

POur deux chevaux de chaife, 9 pence ou fols fterling par mille.

Pour quatre chevaux de chaife, 15 pence par mille.

Pour un cheval de felle, 3 pence par mille Excepté fur la route de Douvres à Londres, où l'on paie un shelling par mille pour deux chevaux de chaife, & 18 pence pour quatre.

On donne 18 pence ou deux shellings à chaque Poftillon, & 6 pence au Palefrenier.

FRANCE.

Chaque cheval de chaife ou de felle eft payé 25 fols, & l'on trouve au commencement du livre des poftes tous les Réglements relatifs au nombre de chevaux que l'on eft obligé de mettre à fa voiture. Les Maîtres de Pofte & Piftillons trouvent les chaifes de Poftes angloifes fi bien roulantes, qu'ils aiment mieux les mener avec trois chevaux de front que d'en mettre quatre à une chaise à quatre roues françoise, ou autre, comme je l'ai éprouvé avec ma chaise de poste angloise. — Deffain, à Calais, vous oblige à payer quatre chevaux; mais il est le seul sur la route qui fasse cette difficulté. On donne 15 ou 20 sols par poste à chaque Postillon.

ITALIE.

Il y a deux façons de courir la poste en Italie; l'une ordinaire, qui est plus chere dans les Etats de la Lombardie (comme le Piémont, le Milanois, & les Etats Vénitiens), que dans le reste de l'Italie; c'est pourquoi dans ces Etats on accorde aux Voyageurs la permission de prendre des chevaux de poste à un moindre prix qu'il n'est fixé pour la poste ordinaire, mais avec quelques restrictions, comme de ne pouvoir obliger le Postillon à galoper son cheval, & de ne pouvoir voyager, après le soleil couché, qu'en payant le prix entier de la poste, & c'est ce que l'on appelle aller en *cambiatura*, que l'on obtient aisément en partant de la Capitale de ces Etats; mais si l'on en a besoin en entrant dans le Pays, il est bon d'avoir pourvu d'avance à se procurer cette permission qu'on se fait envoyer par un Banquier dans les villes d'où l'on part.

PIEMONT

Pour deux chevaux de chaise, 7 livres 10 sols de Piémont par poste.

.., Pour un cheval de felle, 2 livres 10 fols de Piémont par pofte.

Pour 2 chev. de chaife, 4 l. 10 f.)
Pour 1 chev. de felle, 1 l. 10 f.) en *cambiatura.*

On donne environ 30 fols par Poftillon.

GENES.

Pour 2 chev. de chaife, 9 l. de Gênes)
Pour 1 cheval de felle, 3 l. de Gênes) par poft.

ETAT DE PARME ET DE PLAISANCE.

Pour 2 chev. de chaife, 15 paoli)
Pour 1 cheval de felle, 5 paoli) par pofte.

TOSCANE.

Pour 2 chev. de chaife, 8 paoli)
Pour 1 cheval de felle, 3 paoli) par pofte.

ETATS ECCLESIASTIQUES.

Pour 2 chev. de chaife, 8 paoli)
Pour 1 cheval de felle, 3 paoli) par pofte.

ETATS DE NAPLES.

Pour 2 chev. de chaife, 11 carlini)
Pour 1 chev. de felle, 5 earlini ½) par pofte.

ÈTATS DE VENISE.

On peut toujours fe procurer le *bulletin* pour aller en *cambiatura*, en écrivant à Venife, de la ville d'où l'on part, pour s'y rendre, & alors on ne paie que cinq *paoli* & demi par cheval, foit de chaife ou de felle.

MILANEZ.

Pour deux chevaux de chaife, 15 paoli)
Pour un cheval de felle,   5 paoli) en pofte

Pour 2 chév. de chaife, 11 paoli)
Pour un cheval de felle, 5 paoli) en cambiatura.

Quelquefois on compte par livres, & c'eft alors

Bour deux chev. de chaife, 10 l. 10 f.)
Pour un cheval de felle,   3 l. 10 f.) en pofte.

GENEVE ET SUISSE.

Il n'y a point de Pofte en Suiffe; on prend des chevaux de voiturier, & l'on fait un accord avec lui le plus avantageux qu'il eft poffible. Pour aller de Geneve à Bafle avec trois couples de chevaux de chaife & un cheval de felle, j'ai donné quinze louis; huit louis jufqu'à Berne, fept jufqu'à Bafle.

SAVOIE.

Il y a Poſte en Savoie, mais il eſt rare qu'on s'en ſerve, la nature des chemins ne permettant pas qu'on aille plus vîte en poſte qu'avec des chevaux des voiturier, excepté pour des chaiſes à deux roues, & legeres. On s'accorde avec des voituriers; ce qui eſt plus commode.

ALLEMAGNE.

Les Poſtes ſont très-bien réglées pour le prix en Allemagne; on y paie un florin par poſte pour chaque cheval, excepté dans les Etats de l'Impératrice Reine où l'on ne paie que 3 quarts de florin.

HOLLANDE.

On va en poſte juſqu'à Breda; là il ne ſe trouve plus des chevaux de poſte; vous y prenez des chevaux de voiturier. J'ai donné 36 florins de Breda à Gorcum pour ſept chevaux, & 3 florins & demi par cheval depuis Gorcum juſqu'à Utrecht; le reſte à proportion. En Hollande on voyage beaucoup par eau.

FLANDRE FRANÇOISE.

Dans les Etats de la France, la poſte y eſt réglée comme en France.

FLANDRE AUTRICHIENNE.

Dans les Etats de l'Impératrice Reine on y paye ¾ de florin d'Allemagne par poſte pour chaque cheval.

PASSAGE DU MONT CENIS.

De Turin à Geneve j'ai donné en 1770 vingt-huit louis pour une chaiſe à l'angloiſe à quatre chevaux, une chaiſe à deux roues à deux chevaux, un cheval de ſelle, Porteurs de chaiſe pour la montagne, & juſqu'à Modane; nourriture pour deux maîtres ſur la route, & le tranſport de la chaiſe & du bagage de l'autre côté du Mont Cenis ſur des mulets.

En 1761 je n'avois donné que vingt louis pour le même accord.

***

APPROBATION.

J'AI lu, par ordre de Monſeigneur le Garde des Sceaux, un Manuſcrit qui a pour titre: *Itinéraire des routes les plus fréquentées de l'Europe*; je n'y ai rien trouvé qui puiſſe en empêcher l'impreſſion. A Paris ce 19 Novembre 1774.

ROBERT DE VAUGONDY.

***

PRIVILEGE DU ROI.

LOUIS, PAR LA GRACE DE DIEU, ROI DE FRANCE ET DE NAVARRE: A nos amés & féaux Conſeillers, les Gens tenant nos Cours de Parlement, Maîtres des requêtes ordinaires de notre

Hôtel, Conseils Supérieurs, Prévôt de Paris, Baillifs, Séńéchaux, leurs Lieutenants Civils & autres nos Justiciers, qu'il appartiendra : SALUT. Notre amé le sieur PISSOT, Libaire, Nous a fait exposer qu'il desireroit faire imprimer & donner au Public un Livre intitulé *Itinéraire des routes les plus fréquentées, de l'Europe* : s'il Nous plaisoit lui accorder nos Lettres de Permission pour ce necessaires. A CES CAUSES, voulant favorablement traiter l'Exposant, Nous lui avons permis & permettons par ces présentes de faire imprimer ledit Ouvrage autant de fois que bon lui semblera, & de le faire vendre & débiter par tout notre Royaume pendant le temps de trois années consecutives, à compter du jour de la date des Présentes. FAISONS défenses à tous Imprimeurs, Libraires, & autres personnes, de quelque qualité & condition qu'elles soient, d'en introduire d'impression étrangere dans aucun lieu de notre obéissance. A LA CHARGE que ces Présentes seront enregistrées tout au long sur le registre de la Communauté des Imprimeurs & Libraires de Paris, dans trois mois de la date d'icelles ; que l'impression dudit Ouvrage sera faite dans notre Royaume, & non ailleurs, en bon papier & beaux caractéres ; que l'Impétrant se conformera en tout aux Réglements de la Librairie, & notamment à celui du 10 Avril 1725, à peine de déchéance de la présente Permission ; qu'avant de l'exposer en vente, le Manuscrit qui aura servi de copie à l'impression dudit Ouvrage, sera remis dans le même état où l'Approbation y aura été donnée, ès mains de notre tres-cher & féal Chevalier, Garde des Sceaux de France, le sieur HUE DE MIROMENIL ; qu'il en sera ensuite remis deux exemplaires dans notre Bibliothéque publique, un dans celle de notre Château du Louvre, un dans celle de notre très cher & féal Chevalier Chancelier de France, le sieur DE MAUPEOU, & un dans celle dudit sieur HUE DE MIROMENIL, le tout à peine de nullité des présentes. Du contenu desquelles Vous MANDONS & enjoignons de faire jouir ledit Exposant & ses ayants causes, pleinement & plaisiblement, sans souffrir qu'il leur soit fait aucune trouble ou empêchement. VOULONS qu'à la Copie des présentes, qui sera imprimée tout au long au commencement ou à la fin dudit Ouvrage, foi soit ajoûtée à l'original. COMMANDONS au premier notre Huissier ou Sergent sur ce requis, de faire pour l'exécution d'icelles tous actes requis & nécessaires, sans demander autre permission, & nonobstant clameur de haro, charte Normande, & Lettres à ce contraires : Car tel est notre plaisir. DONNE' à Paris le huitieme jour du mois de Mars l'an mil sept cent soixante-quinze & de notre regne le premier. PAR LE ROI EN SON CON-SEIL, LEBEGUE.

Regiſtré ſur le Regiſtre XIX de la Chambre royale & ſyndicale des Libraires & Imprimeurs de Paris, Nº. 546, fol. 380, conformément au Reglement de 1723. A Paris ce 13 Mars 1775.
SAILLANT, Syndic

ITINERAIRE

ITINÉRAIRE

D'UNE PARTIE

DE L'EUROPE.

A

D'EDINBOURG à LONDRES.	Postes.	Distance en milles anglois	Temps en route.		OBSERVATIONS LOCALES.
			b.	min.	
D'ÉDINBOURG à Blackshœles		15	1	40	Il y a peu de pays en Europe où l'agriculture ait fait de plus grands progrès
à Nortoun		11	1	39	que dans cette par
à Greenlaw		11	1	25	tie de l'Ecoffe, de
à Cornhill		12	1	15	puis trente ans.
à Wooller-Haugh		14	1	30	
à Rymlide-Moor		15	2	20	La Province de Northumberland
à MORPETH		15	2	2	n'eft pas également
à NEWCASTLE		14	1	51	bien cultivée, furtout vers l'occident. Sa principale icheffe eft dans les mines
à DURHAM		15	2	30	de charbon.
à Darlington		18	2	45	La Province de
à North-Allerton		15	2	34	Durham eft une des plus agréables & des
à Borough-Bridge		19	3	5	mieux cultivées de l'Angleterre.
à Wetherby		12	1	45	Excellents pâtu
à Ferry-Bridge		16	2	0	rages pour les chevaux dans cette Pro
à Doncafter		15	1	50	vince d'York.
à Barnby-Moor		14	2	0	Pays abondant en bleds & en pâtura
à Scarthen-Moor		12	1	51	ges, qui nourrit beaucoup de bétail, &
à NEWARK		12	1	45	produit des laines
à GRANTHAM		14	2	30	d'une grande beauté.

REMARQUES.

On compte environ 55,000 ames dans EDINBOURG. La situation en est extrêmement avantageuse & très-riante, quand le temps ne s'y oppose pas. — Le château se soûtiendroit quelque temps contre une armée qui n'auroit pas beaucoup d'artillerie. — On y a bâti une nouvelle ville très-réguliere & très-jolie. — Le palais, — la douane, la vue du château sont ce qu'il y a de plus remarquable.

NEWCASTLE, ville très-commerçante, d'environ 40,000 ames. Il n'y a point de port en Angleterre qui fournisse un plus grand nombre de matelots.

Un voyageur ne doit pas négliger d'aller de MORPETH à *Alnwick* pour y voir le château de l'illustre famille des Percys, que le présent Duc de Northumberland a rebâti presque entierement sur l'ancien plan, avec cette magnificence qui lui est propre. J'ai vu les plus beaux châteaux des plus grands Seigneurs en Europe, & n'ai rien vu d'aussi magnifique & d'aussi complet qu'*Alnwick*.

D'EDINBOURG à LONDRES.	Poftes.	Diftance en milles anglois	Temps en route.		OBSERVATIONS LOCALES.
			h.	*min.*	
à Coltfworth		8	1	0	
à STAMFORD		13	1	45	
à Stilton		14	2	0	Il n'y a pas de cam-
à Bugden		12	2	5	pagne mieux culti-
à Bigglefwade		17	2	50	vée & plus riante
à Stevenage		14	2	30	que cette partie de
à Hatfield		12	2	0	l'Angleterre.
à Barnet		8	1	15	
à LONDRES		11	2	0	
		378	55	42	

On trouve d'excellentes auberges dans toutes les vil-les & petites villes de cette route, depuis Morpeth juf-qu'à Londres, & de *Morpeth* à *Edinbourg*.

REMARQUES.

Ce n'eſt pas ici où l'on doit s'attendre de trouver une deſcription d'une auſſi grande ville que LONDRES; il y a des volumes entiers qu'on ſe procure aiſément, & qu'il ſaut conſulter. — On y compte 8 à 9 cent mille ames, environ cent cinquante mille plus qu'à Paris. — Londres eſt à Paris, en étendue, comme 39 à 29, ou 40 à 30.

De LONDRES à PARIS, par LILLE.	Postes.	Distance en milles anglois	Temps en route. h.	min.	OBSERVATIONS LOCALES.
De LONDRES à *Dartford*		16	2	40	
à *Rochester*		14	2	0	
à *Sittingburne*		10 $\frac{1}{2}$	1	30	
à CANTERBURY		15 $\frac{1}{4}$	2	10	La Comté de Kent est riche, & assez agréable, mais n'offre pas une campagne aussi belle & aussi bien cultivée que les autres Provinces d'Angleterre.
à DOVER		16	2	45	
à CALAIS		21	6	0	
à Ardres	1 $\frac{1}{2}$	10 $\frac{1}{4}$	1	45	
à la Recourse	1	5		50	
à S. OMER	1 $\frac{1}{2}$	9 $\frac{1}{2}$	1	30	
à Aire	1 $\frac{1}{2}$	11	1	55	
à Liliers	1 $\frac{1}{2}$	8	1	10	
à *Béthune*	1 $\frac{1}{2}$	8 $\frac{1}{4}$	1	15	Très-beaux chemins.
à Waquet	2 $\frac{1}{2}$	13	2	0	
à LILLE (*a*)	2	9 $\frac{3}{4}$	1	30	
à Carvin	2	11 $\frac{3}{4}$	2		
à Lens	1	7	1	5	
à ARRAS	2	9 $\frac{1}{2}$	1	45	Fertile en bleds & abondant en pâturages, en lin, en houblon.
à Herville	1 $\frac{1}{2}$	7 $\frac{1}{2}$	1	30	
à *Bapaume*	2	10	1	30	
à PERONNE (*b*)	1 $\frac{1}{2}$	7 $\frac{3}{4}$	1	15	
à Marché-les-Pots	1 $\frac{1}{2}$	7 $\frac{1}{2}$	1	20	Très-beaux chemins.
à Fonches	1	7		40	
à *Roye* (*c*)	1	6		45	
à Conchy-les-Pots	1 $\frac{1}{2}$	8		56	

(*a*) A l'Hôtel Royal.
(*b*) A la Poste.
(*c*) A la Poste.

REMARQUES.

On eſt moins de temps à faire le trajet de DOUVRES à CA-
LAIS que celui de CALAIS à DOUVRES, parce que dans le premier
la marée eſt toujours plus favorable. — Un bon paſſage eſt
de 3, 4 ou 5 heures. J'ai fait ce trajet plus de vingt fois,
& n'ai jamais été plus de 12 heures. — Six heures eſt le plus
ordinaire.

LILLE, capitale de la Flandre Françoiſe, place forte, belle
& grande ville. La citadelle de Lille eſt regardée comme une
des plus fortes de l'Europe; cependant on eſtime davantage
celle de Turin. — On admire en cette ville la porte royale,
le théatre, la bourſe, les caſernes, la cathédrale.

ARRAS, belle & forte ville fortifiée par Vauban. — belle
citadelle.

PÉRONNE eſt ſur la Somme; elle a le nom de place forte,
parce qu'elle n'a jamais été priſe; je crois plutôt que c'eſt
qu'elle n'a jamais été bien attaquée.

De LONDRES à PARIS, par LILLE.	Postes.	Distance en milles anglois	Temps en route.		OBSERVATIONS LOCALES.
			h.	min.	
à Cuvilly	1	5 ½		40	
à Gourney	1	5		35	
à Bois - de - le Hue	1	7	1		
à Pont - Saint-Maixence	1 ½	8 ¾	1		
à *Chantilly*	2	12	1	45	Belle forêt de Chantilly.
à Luzarche	1	6 ½	2	55	
à Ecouen	1 ½	7	1	5	
à S. DENIS	1	7 ½		45	
à PARIS	1 R.	7	1	0	
	39	315 ¾	50	1	

REMARQUES.

Je n'entreprendrai pas plus de décrire ici PARIS que Londres. — Il faut avoir recours aux plans, aux ouvrages faits pour en rendre compte. — Un Etranger fera très-bien d'acquérir un ouvrage fort utile, intitulé *Voyage Pitoresque de Paris & de ses environs*. On fait monter le nombre des habitants de Paris-de 6 à 7 cent mille.

Les plus beaux monuments d'architecture sont la colonnade du Louvre, la cour du vieux Louvre, sainte Genevieve, le portail de saint Gervais, saint Sulpice. En sculpture, le tombeau du Cardinal de Richelieu en Sorbonne par Girardon; le tombeau de Lamoignon à Saint Leu; le tombeau de Girardon à Saint Landry, &c.

De CALAIS à PARIS par AMIENS.	Postes.	Distance en milies anglois	Temps en route. h. min.	OBSERVATIONS LOCALES.
De CALAIS à Hautbuisson.	I ½		1 30	Depuis Calais jusqu'à Hautbuisson on monte presque toujours.
à Marquise	I		55	
à *Boulogne*	I ¼		1 28	Beau chemin ferré jusqu'à Montreuil.
à Samers	2		1 40	
à Cormont	I		1	
à *Montreuil*	I ¼		1 45	
à Namport	I ½		1 30	
à Berney	I		1 10	
à Nouvion	I		45	La Picardie ne produit que du bled; il y a peu de pâturages, point de vin & si peu de bois, que la plus grande partie du Peuple se chauffe avec de la tourbe.
à ABBEVILLE	I ¼		1 32	
à Ailly	I ½		1 30	
à Flixcourt	I		1 7	
à Pecquigny	I ½		1 10	
à AMIENS	I		1 35	
à Hébecourt	I		50	
à Flers	I		50	
à *Breteuil*	I ½		1 20	
à Navigny	I ½		58	
à Saint-Just	I		42	
à Clermont	2		1 45	
à Lingueville	I		1 7	
à *Chantilly*	I ½		1 20	
à Luzarches	I		58	
à Ecouen	I ½		1 10	
à S. Denis	I		1	
à PARIS	I R.		55	
	33 ½		31 32	

(colonne Distance en milies anglois :) Je n'avois pas mon Odometre sur cette route.

REMARQUES.

CALAIS n'a rien de remarquable que fa citadelle qui eſt très-forte.

Boulogne n'a rien ne remarquable.

Montreuil, on ferme les portes à l'entrée de la nuit; mais on les ouvre pour les voyageurs en poſte.

ABBEVILLE, ville peuplée & marchande, eſt diſtinguée par ſes beaux draps de *Vanrobais* & ſes *damas* d'Abbeville.

Depuis Abbeville juſqu'à Clermont j'ai trouvé en 1772 les chemins fort mauvais ; mais on les raccommodoit, & l'on m'a dit que la route eſt aſſez belle à préſent.

AMIENS, grande ville & aſſez bien peuplée; il y a une riche fabrique d'étoffe de laine & de poils de chevre ; on y admire la nef & le clocher de la cathédrale, bâtimeut gothique, & la promenade du cours.

La route de Clermont à Paris eſt bonne & bien pavée.

On doit s'arréter à *Chantilly* pour en viſiter les jardins & le château. — Les écuries de Chantilly ſont les plus magnifiques qu'il y ait en Europe.

De Spa à Paris par Chaufontaine Liège & Brux.	Postes.	Distance en milles anglois	Temps en route.		Observations Locales.
			h.	min.	
De Spa aux Forges à Chaufontaine		13	2		De Spa à Liege, bois, collines & vallons.
à Chaufontaine		7½	1	15	La vue de Chaufontaine, en arrivant, est des plus agréables que l'on puisse imaginer, & des plus champêtres.
à Liege (a)		5	1	5	
à Oreye	1 ¾	10	2	10	
à St. Trond	1 ¾	10	2	10	
à Tirlemont	2	9	1	40	Depuis Tirlemont jusqu'à Valenciennes, le pays est presque plat, & abondant en bleds & en pâturages.
à Louvain	2	11	2		
à Malines	2	13	2	40	
à Anvers	2	12	2	30	
à Malines	2	13	2	30	
à Bruxell. (b)	2	14	2	30	
à Hall	1½	8½	1	45	
à Braine-le-Comte	2	11	2		
à Castiau	1½	9	1	28	
à Mons (c)	1	6½		44	Mons est situé partie sur la montagne, & partie dans la plaine dans un terrein marécageux, sur la Trouille.
à Carignon	1	5		40	
à Quiévraing	1½	7½	1	18	
à Valenciennes	1½	7	1	15	
à Bouchain	2	10	1	37	
à Cambray (d)	1½	7	1	10	

(a) Aigle noir.
(a) Cour de Londres.
(a) Hôtel de Flandres.
(a) à l'Agneau.
(b) Chez Morin
(c) A la Couronne imper.
(d) A la Poste.

REMARQUES.

On rafraîchit les chevaux fans les dételer, parce qu'ils ont tout le temps de fe repofer à Chaufontaine.

Chaufontaine eft au bord d'une riviere, joliment fitué, avec des bains & des eaux thermales.

SPA eft dans l'Évêché de Liege; c'eft un féjour fort agréable pour le temps de la faifon; on y trouve la meilleure compagnie de l'Europe. — Il y a un bois très-joli, avec des promenades faites par M. Berkeley, anglois.

LIEGE, Capitale de la Principauté du même nom, ville fituée dans un agréable vallon, fur la Meufe, qui la partage en deux parties. Elle eft une des grandes villes de l'Europe; belle, peuplée & très-commerçante en armes, qui font fort renommées; en cloux, batterie en fer, charbon foffiles, houblon, marbre, chaux, foufre, alun, cuirs, &c. Le palais, les églifes, la maifon-de-ville méritent d'être vus.

L'érection récente d'une académie d'étude & des langues, & une autre académie de deffein, peinture, qui vont donner un nouveau luftre à cette capitale, font des monuments de l'amour, pour les arts, du Prince actuellement regnant, *François-Charles des Comtes de VELBRUCK*, &c. &c. Un hôpital-général, afyle pour l'indigence, qui s'éleve actuellement dans cette ville, eft un autre monument également immortel & glorieux de la bienfaifance & de l'humanité de ce Souverain, &c.

Pour ANVERS & BRUXELLES, voyez la route à la fin de l'Itinéraire.

VALENCIENNES, fur l'Efcaut, qui la divife en deux parties. Il y a une bonne citadelle, deux manufactures, une d'étoffes de laine, & l'autre de batifte. Il s'y fait auffi un commerce de dentelles.

CAMBRAY, belle & forte ville, fur l'Efcaut.

De Spa à Paris par Chaufontaine, Liege & Bruxelles.	Postes.		Distance en milles anglois.		Temps en route.		Observations locales.
					h.	min.	
à Bonavis	I		7		I	10	
à Fins	I	1/2	7		I	10	
à Peronne	I	1/2	9		I	34	
à Marché-les-Pots	I	1/2	7	1/2	I	18	Pour les observa-
à Fonches	I		6			42	tions sur cette rou-
à Roye	I		5			49	te, voyez page 6.
à Conchy-les-Pots	I	1/2	6			58	
à Cuvilly	I		5	1/2		40	
à Gourney	I		5			36	
à Bois-le-Hue	I		7			55	
à Pont Saint-Maixence	I	1/2	8	3/4		59	
à Chantilly	2		12		I	35	
à Luzarche	I		6	1/2		55	
à Ecouen	I	1/2	7		I	5	
à S. Denis	I		7		I	15	
à Paris	I		7			45	
	52	1/2	304	1/2	52	13	

REMARQUES.

De SPA à AIX-LA-CHAPELLE.	Postes.	Distance en milles anglois.	Temps en route.		OBSERVATIONS LOCALES.
			h.	min.	
					Bois, vallées & collines.
De SPA	}	5		57	A deux milles de
à Theux (a)	}	6	1	23	Vervier est le vil-
à Verviers					lage de Timister, où
à Henry-Cha-		11	2	15	est un assez joli châ-
pelle.					teau d'un Conseiller
à AIX-LA-CHA-		11	1	50	d'Etat de Bruxelles.
PELLE (b)					
		33	6 _ 25		
De LIEGE à SPA par les Forges.					
De LIEGE					
à Grivegnée		14	2	50	
à Chainée					
à Beaufays					Voyez page 12.
aux Forges					
à Lovegnée		14	2	40	
à Theux					
au Marteau					
à Spa (c)					

(a) A la haute Cour de la Bo-
verie.
(b) Chez G. Dubigk.
(c) Cour de Londres.
(c) Lion blanc.
(c) Armes d'An-gleterre.
(c) Hôtel de Flandres.
(c) Grand Mo-narque.

REMARQUES.

REMARQUES.

Il y a une autre route par Limbourg qui n'eſt que de 24 milles; mais on n'y peut aller qu'à cheval.

Juſqu'à Henry-Chapelle le chemin eſt beau & pavé : --- le reſte eſt aſſez paſſable, excepté les 4 derniers milles vers Aix qui ſont très-mauvais.

On s'arrête aux Forges, ou à Lovegnée, pour dîner & faire rafraîchir les chevaux.

De PARIS à TOURS.	Postes.	Distance en milles anglois	Temps en route.		OBSERVATIONS LOCALES.
			h.	min.	
De PARIS à la Croix de Berny	1 ½	4 ¾		52	
à Longjumeau	1 ½	5 ¾		40	
à Linas	1	4 ½		35	
à Arpajon	1	3 ½		35	
à Bonne	1	7 ½		55	
à Etrechy	1				
à *Etampes*	1	4 ½		35	
à Montdesir	1	5 ½		45	
à Monerville	1	2 ½		17	L'Orléanois est un des plus beaux pays de la France; il produit abondamment bleds, vins, bestiaux, gibier & poisson. Il s'y fait par la Loire un commerce fort étendu dans tout le Royaume.
à Angerville	1	3 ¼		24	
à Boisseau	1	3 ¾		30	
à *Toury*	1	4 ½		45	
à Château-Gaillard	1	4		29	
à Artenay	1	4 ½		38	
à Cercottes	1 ½	6 ¾		57	
à ORLEANS	1 ½	5 ½		45	
à S. Memin	1	9 ¼	1	15	
à Cléry	1				
à Lailly	1	4 ½		32	
à St. Laurent-des-Eaux.	1	5		45	
à Nouant	1	3 ¼		26	
à Saint-Diey	1	4		26	
à BLOIS	2	9	1	14	
à Chousy	1 ½	6 ½		48	Pays fort agréable, des côteaux très-riants le long de la Loire, & de pétites vallées très-fertiles.
Depuis deux ans on a changé la route d'Orléans à Blois par Mer & Menard.					

REMARQUES.

Etampes est située sur la Juine, où l'on pêche beaucoup d'excellentes écrevisses.

ORLÉANS, grande & belle Ville très-commerçante. --- Le mail est très-joli ; il a 452 toises de long. On y a bâti il y a environ dix ans un très-beau pont, qui n'a pas six pieds de pente [*a*].

(*a*) L'attention du Gouvernement en France pour la construction des ponts, est plus grande que jamais : un des plus beaux se voit à Neuilly près de Paris. Mais celui qui exigeoit le plus de soins & d'habileté, est le pont de Saumur, à 15 lieues de Tours, à cause de la largeur & de la profondeur de la Loire vis-à-vis de cette ville. Ce pont est sous la direction de M. de Voglie, Inspecteur-Général des ponts & chaussées, à qui l'on doit plusieurs belles découvertes dans l'art de construire les ponts. Le pont sur le grand bras de la rivière est composé de 2 culées,

De PARIS à TOURS.	Postes.	Distance en milles anglois	Temps en route.		OBSERVATIONS LOCALES.
			b.	min.	
à Veuve	1 ½	7	1	1	
à Hautchentier	1	3 ½		22	
à Amboife	1	4		35	
aux Bordes ⎫	1	7 ¾	1	0	
à la Friliere ⎬	1				
à TOURS (*a*)	1 ½	7 ½	1	0	La Touraine, arrofée par la Loire & le Cher, eft agréable
	35 ½	141	18	56	& fertile en toutes
(*a*) A la Galere, très-bonne auberge.					chofes, fur-tout en fruits excellents; ce qui lui a fait donner le titre de *Jardin de la France.*

REMARQUES.

On compte environ 35,000 ames dans TOURS. C'eſt une belle & ancienne ville. La mail eſt le plus beau cours qu'il y ait en Europe; il a au moins deux milles dé longueur, & dans toute cette longueur, de très-belles allées d'arbres, & une terraſſe, d'où l'on découvre une plaine riante & ferti-le, bornée par un côteau charmant. La Cathédrale eſt un des plus beaux bâtiments gothiques qu'il y ait. Les tours ſont un ouvrage achevé. Le Chapitre de Saint Martin eſt conſidérable : le Roi en eſt Abbé.

La fabrique des étoffes de ſoie eſt bien tombée.

---

de 11 piles & de 12 arches *elliptiques*, qui ont toutes 60 pieds de diametre. Il a 852 pieds de longueur, & eſt *de niveau ſur toute ſa ſuperfi-cie*. Il eſt placé ſur un alignement qui traverſe toute la ville, ſur lequel ſeront conſtruits deux autres ponts ſur les deux autres bras de la riviere, & un autre pont, auquel on travaille actuellement, ſur la riviere du Thouet, à la ſortie de la ville. Ce dernier pont, dont la culée eſt deja fondée, ſera compoſé de 3 arches, chacune de 82 pieds d'ouverture d'une ſeule portion d'arc, dont la flèche n'aura que 8 pieds & demi.

Le pont de Saumur a été bâti ſans bâtardeaux ni épuiſement : on a fait uſage de grands caiſſons qui contenoient une pile, ou une culée. Il a été établi ſur des pieux qui ont été ſciés de niveau à une profondeur déterminée ſous l'eau, pour recevoir les caiſſons, dont les bords ſe détachoient avec la plus grande facilité du fond qui reſtoit ſur les pieux chargés de maçonnerie. La machine qui a été inventée par Mr. de Voghe pour ce ſciage, l'a opéré avec une telle préciſion, qu'on a pluſieurs fois ſcié à 15 & 18 pieds ſous la ſurface de la riviere, des parties de pieux de 2 à 3 lignes d'épaiſ-ſeur, ſans qu'elles ſe ſoient briſées, & qu'après le ſciage, on les a ramenées à la ſurface de l'eau. La riviere avoit dans des endroits juſqu'à 20 pieds de profondeur.

J'ai cru faire plaiſir aux curieux de leur préſenter cette informa-tion relative aux ponts, ſur l'exactitude de laquelle on peut compter.

De Tours à LA ROCHELLE.	Postes.	Distance en milles anglois	Temps en route.		OBSERVATIONS LOCALES.
			h.	min.	
De Tours aux Carrez	1½	4½		25	
à Montbazon	1	3½		25	
a Sorigny	1	4		31	
à Sainte-Catherine	1	4		30	
à Ste. Maure	1	4½		45	
à Beauvais	1	4		35	
aux Ormes	1	5½		45	
à Ingrandes	1½	7¼	1	5	
à CHATELLERAULT	1	4½		30	
aux Barres de Nintré	1	4 ¼¼¼		35	Plaines, pâturages.
à la Tricherie	1	3 ¼¼		24	Fertile en bleds; on
à Clan	1	4 ¼¼		25	y nourrit beaucoup
au Grand-Pont	1			55	de bestiaux.
à POITIERS	1	7¼			Il y a peu de mon-
à Croutelles	1	4½		43	tagnes dans le Poi-
à Colombieres	1½	6		52	tou, & quelques
à LUSIGNAN	1	4 ¾		35	forêts.
à Ville-Dieu	1½	7¼		55	
à la Motte	1	9	1	18	
à St. Maixent	1				
à Ville-Dieu	1½	4 ¼¼		37	
à NIORT	1½	8 ¼¼		55	Pays plat.
à Rohan-Rohan	1	12	1	55	
à Mosay	1				

REMARQUES.

Belle terre de M. le Marquis *Voyer d'Argenson*.

CHATELLERAULT, Duché, dont un Pair d'Ecoſſe, le Duc *d'Hamilton*, porte le titre, a une manufacture de coutellerie fort eſtimée.

POITIERS, grande ville, mal bâtie, mal peuplée. --- On y voit des ruines que l'on appelle *Palais Gallien*, & un arc de triomphe qui ſert de porte. Il y a des terres labourables dans l'enceinte de cette ville.

LUSIGNAN, eſt une ville joliment ſituée ſur le ſommet & le penchant d'une colline.

De Tours à LA ROCHELLES.	Postes.	Distan- ce en milles anglois	Temps en route.	OBSERVATIONS LOCALES.
			h.　min.	
à Courson	I	12 $\frac{3}{4}$	I 45	Pays plat, fertile, fort commerçant.
à Noaillé	I			
à Husseau	I	11 $\frac{1}{2}$	I 40	
à LA RO- CHELLE	I			
	30 $\frac{1}{2}$	141 $\frac{1}{4}$	19 10	

REMARQUES.

La Rochelle, port de mer commode & sûr, place forte. Son principal commerce étoit avec le Canada, dont la perte se fait sentir tous les jours aux Rochelois.

On découvre d'un seul point de vue les Isles d'Oleron, Ré, d'Aix, de Brouages, de Marennes.

On voit les restes de la fameuse *digue* dirigée par le Cardinal *de Richelieu* ; elle étoit de 740 toises. Lorsque la profondeur des eaux ne permit pas de pousser plus avant le mur de la digue, on fit couler à fond 59 navires fortement attachés par des chaînes de fer, & remplis de pierres & autres matériaux, afin de combler l'espace qui restoit entre les travaux de terre.

De LA ROCHELLE à BOURDEAUX.	Postes.	Distance en milles anglois	Temps en route.		OBSERVATIONS LOCALES.
			b.	min.	
De LA Ro- CHELLE. au Rocher à ROCHEFORT	2	12	1	45	
	1 ½ Lieues.	9	1	30	
à S. Porcher	4	13	4		Le terroir de la Saintonge eft fertile en bleds & en vins,
à SAINTES	3	10	3	.	
à Pons	4	12	3	30	
à Mirabeau	4	14	4	30	
à Blaye	5	15	5	30	
à BOURDEAUX	6	18	9		
		103	32	45	

N'y ayant point de pofte établie entre Rochefort & Bourdeaux on peut prendre des chevaux à la meffagerie de la Rochelle pour *Saintes* (où l'on prend la pofte) ou pour *Blaye*, d'où l'on va par eau juf-qu'à Bourdeaux.

Pour quatre chevaux de chaife & deux de fel-le, on donne 7 louis & demi juf-qu'à Blaye.

REMARQUES.

ROCHEFORT eſt une jolie ville bien bâtie ; le port en eſt commode , & l'arſenal fort beau. --- Il y a une fonderie de canons. Le théatre, nouvellement bâti, eſt un des plus jolis du Royaume. Il a trois rangs de loges. Les jardins de l'Intendance ſont très-agréables.

On voit à SAINTES pluſieurs ruines d'un pont des Romains ; un arc de triomphe ; des reſtes d'un amphithéatre ; un aqueduc.

BOURDEAUX ſur la Garonne, l'une des plus conſidérables villes du Royaume. On y enleve tous les ans près de cent mille tonneaux de vin & d'eau-de-vie. --- Les quais en ſont ſuperbes. La Garonne a 350 toiſes de large vis-à-vis le Château-Trompette, & 400 vis-à-vis les Chartrons. Elle en a 1900 à Blaye. En ſorte que dans ſa largeur à Bourdeaux elle eſt de moitié plus large que la Tamiſe à Londres, qui n'a pas 200 toiſes au pont de Weſtminſter.

On voit quelques ruines du Palais Gallien & d'un amphithéatre, ainſi qu'une porte baſſe qu'on dit être du temps d'Auguſte. Les plus beaux édifices modernes ſont la place royale, où ſe voit la ſtatue de Louis XV, & la Bourſe. De la Chambre des Conſuls il y a une vue magnifique du port. Le port & le quai ont une lieue de long, & forment une perſpective en croiſſant, qui, vue de l'autre côté de l'eau à un endroit qu'on nomme la Baſtide , ne peut être égalée par aucune autre en Europe en ce genre.

De BOURDEAUX à TOULOUSE.	Postes.	Distance en milles anglois	Temps en route.		OBSERVATIONS LOCALES.
			b.	min.	
De BOUR-DLAUX à Bouſcaut	1 ½		1	15	
à la Prade	1			45	
à Caſtres	1			30	
à Birlades	1			40	
à Barſac	1			48	
à Langon	1			50	
à LA RÉOLE	1		1	50	Vue charmante en ſortant de la REOLE.
à la Motte à Marman-de	1 1		1	50	Depuis la Réole juſqu'à Agen, on
à Tonneins	2		1	35	trouvd une belle
à Aiguillon	1 ½		1	25	plaine arroſée par la
a Port Ste. Marie	1			45	Garonne, & bordée de deux jolis cô-
à Luſignan	1			45	teaux.
à AGEN	1			48	Entre MOISSAC &
à Croquelardy	1		1		la Pointe, (avant de
à la Magiſtere	1			48	paſſer l'Aveirou près
à Malauſe	1		1	7	Villemande) ſe trou-
à MOISSAC	1 ½		1	55	ve la montagne ap-
à la Pointe	2		2	10	pellée la Françoiſe,

(colonne « Distance en milles anglois » :) J'ai comparé cette Route à 195 milles. Mon Odometre étoit dérangé, enſorte que je n'ai pas pu meſurer les diſtances.

d'où l'on découvre une vue admiiable & très - étendue d'une plaine fertile, arroſée des rivieres de *Tarn* & *d'Aveirou* ; & lorſque le temps eſt ſerein on voit les *Pyrenées* à 110 milles de là.

REMARQUES.

On fe détourne de la grande route à Agen pour aller à Barege.

AGEN, belle ville & riche, dans une fituation fort agréable; c'est la patrie de Jofeph Scaliger.

De BOURDEAUX à TOULOUSE.	Postes.	Distance en milles anglois	Temps en route.		OBSERVATIONS LOCALES.
			h.	min.	
à MONTAUBAN	1 ½		1		De MONTAUBAN à
à la Bastide S. Pierre	1 ½		2	5	Toulouse, plaine de 60 milles de long sur
à Grisolles	1				15 à 16 milles de
à Saint-Jorry	1		1	10	large.
à Courtan-soul	1				
à TOULOUSE	1		1	50	
	29		26	51	

REMARQUES.

TOULOUSE eſt une grande & ancienne ville; les rues en font bien percées, & il y a quelques belles maiſons, entre autres l'hôtel *Chalvet*, qui appartient au Sénéchal, & a été bâti par M. le Comte d'*Eſpie* d'une maniere incombuſtible, avec des voûtes plates de briques & de plâtre de Paris, & des combles briquetés. On y remarque ſur-tout la façade de l'hôtel-de-ville, que l'on appelle *Capitole*, d'où les Conſuls prennent le nom de Capitouls. --- Du pont on voit les Pyré-nées à près de 100 milles de là, & les Cevennes qui joignent les Alpes par les montagnes d'Auvergne. --- Les Cordeliers de cette ville ont une maniere de deſſécher les corps morts, au moyen de laquelle ils ſe conſervent des ſiécles dans un caveau de leur maiſon; j'en ai vu environ 200 enſemble, rangés autour du mur. On compte 60,000 ames à TOULOUSE.

De Toulouse à Montpellier.	Postes.	Distance en milles anglois	Temps en route. h.	min.	Observations locales.
De Toulouse. à Castanet	1 ½	6 ¾		50	
à Bassiege	1 ½	9 ¼	1	5	Pays très-beau & très-fertile en grains, fruits & vins exquis.
à Villefranche	1	7	1	5	
à la Bastide d'Anjou	1 ½	11 ¾	1	25	
à Castelnaudary	1	7 ½		50	
à Alzonne	2	13 ½	1	50	
à Carcassonne	1 ½	15 ¼	2		Plaine abondante en vigne, olives, bleds, meuriers, & entourée de rochers stériles.
à Barbeyrac	2	12 ¼	1	45	
à Mous	1	9	1	4	
à Cruscades	2	10	1	30	
à Villedaigne	1	11	1	45	De la place S. Jacques à Beziers, & derriere l'Evêché, on a deux vues charmantes de la riviere d'*Orb* & du Canal, ainsi que du vallon qu'ils arrosent. — On y voit dix écluses l'une au-dessus de l'autre, sur un côteau couvert d'oliviers & de vignes.
à Narbonne (a)	1				
à Nissan	2	14	1	55	
à Beziers (b)	2	7 ¾	1	50	
à la Bégude de Jordy	1 ½	8 ¼	1	35	
à Pezenas (c)	1	6	1		
à Villemagne	1 ½	9 ½	1	20	Béziers & Pézénas sont dans des situations très-agréables.

(a) A Notre Dame.
(b) Au Cheval blanc.
(c) Aux trois Pigeons.

RAMARQUES

REMARQUES.

CARCASSONNE, ville riche & confidérable par fa manu-facture de draps. De CARCASSONNE on va à Barbeyrac par le chemin de *Trebes*, pour voir le canal paffer fur un aqueduc qui fert de pont à la riviere d'*Orbeil*; & l'on compte une demi-pofte de plus.

NARBONNE, grande & belle ville fituée dans une plaine abondante, à deux lieues de la mer. On y voit des ruines de plufieurs édifices romains, & le tombeau de Philippe le Hardi dans la cathédrale.

De Niffan à BEZIERS il n'y a qu'une pofte; mais on fe dé-tourne pour aller voir une montagne, percée de 120 toifes, pour donner paffage au canal du Languedoc.

C

De TOULOUSE à MONTPELLIER.	Postes.	Distance en milles anglois	Temps en route.		OBSERVATIONS LOCALES.
			h.	*min.*	—
à Loupian	I	13	I	42	
à Gigean	I				
à Fabregues	I	4 ¾		36	
à MONTPEL- LIER (*a*)	I ½	7	I	5	
	29 ½	183 ¾	26	12	

Un Ingénieur du Languedoc m'a dit que l'on comptoit de Tou- louse à Montpel- lier 45 lieues du Languedoc, ou 135 mille toises; ce qui fait la lieue de ce pays de 3,000 toises.

(*a*) Au Petit- Paris, mauvaise auberge.

R E M A R Q U E S.

Entre Loupian & Gigean, fur le bord de la mer, eft fitué Frontignan, fameux par le vin de ce nom.

MONTPELLIER eft la feconde ville du Languedoc après Touloufe, à deux lieues de la mer, fur le penchant d'une colline. On y fait venir l'eau de trois lieues de là par un très-bel aqueduc, dont 5 parties font élevées par de doubles rangs d'arches. On en voit une partie près de la place du Peyrou, qui a mille toifes de long. La place du Peyrou, nouvellement bâtie, offre un des plus beaux fpectacles du monde. D'un côté les montagnes des Cevennes, celles de Ventoux aux confins de la Provence, là où les Alpes commencent à s'élever; de l'autre un beau vallon, les montagnes du Rouffillon, les Pyrénées, la mer Méditerranée. Au milieu de la place du Peyrou eft la belle ftatue équeftre de bronze de Louis XIV par Coyfevox.

On vante beaucoup la douceur du climat, la pureté de l'air, la bonté des vivres, & l'affabilité des habitants

De Montpel-lier à Marseilles.	Postes.	Distan-ce en milles anglois	Temps en route.	Observations locales.
			h. min.	
De Mont-pellier à Colombiere	1 ½	8	1 23	Plaine de 30 milles, couverte d'oliviers & de vignobles.
à Lunel	1	7	58	
à Uchault	1 ½	8	1 25	
à Nismes (a)	1	7 ½	1 10	Plaine délicieuse & fertile, abondante en bons vins, huile, gibier; excellent bétail.
à S. Gervasy	1	6	1 3	
à Rémoulins	1	6	58	
à Valiguieres	1 ½	7 ½	1 14	
à Connault	1 ½	7 ½	1 7	
à Bagnols	1	5 ¼	46	Belle vue de la plaine, du Rhône & des Alpes entre Bagnols & le pont St. Esprit.
au Pont - St. Esprit (b)	1	6 ½	1 5	
à Bagnols	1	6 ½	1 6	
à S. Laurent	1 ½	9	1 50	Vignobles de Saint-Laurent.

De Montpellier à Nismes le chemin est mesuré de 25,000 toises, & de Nismes au Pont St. Esprit 33000 toises.

(a) Au petit Louvre.
(b) Au Louvre.

REMARQUES.

LUNEL eſt fameux par la bonté de ſon vin.

NISMES eſt une ancienne ville & très-floriſſante; on y voit pluſieurs monuments antiques, entr'autres *l'amphithéatre* qui eſt aſſez bien conſervé, mais trop embarraſſé de vilaines petites maiſons; il eſt en ellipſe de 67 toiſes dans ſon grand axe, & de 52 dans ſon petit axe, d'ordre toſcan irrégulier, approchant du dorique. Il a 66 pieds de haut, avoit 32 rangs de ſiéges dout 17 reſtent; 3 rangs de vomitoires, qui étoient les extrémités des eſcaliers qui portoient des portiques : En accordant 20 pouces d'emplacement pour chaque perſonne, cet amphithéatre devoit contenir 17,000 perſonnes.

Le *Temple* appellé *de Diane*, mais qui étoit probablemenn un *Panthéon*. On a trouvé ce fragment d'inſcription près des ruines : *Item dedicatione Templi Iſis, Serapis, Veſtæ, Dia-næ, Somni....* Il eſt d'ordre compoſé.

La *Tour Magne*, ſuppoſé un ancien mauſolée, ou un phare, étoit haut de 19 toiſes, réduites à préſent à 13.

La *Fontaine publique* nouvellement rebâtie; on y a trouvé des veſtiges d'anciens bains, dont les chambres ont été conſervées. La Friſe du *ſtibolate*, (ou du grand piedeſtal au milieu du premier baſſin) eſt très-jolie, & copiée exactement d'après l'ancien dont on voit quelques morceaux dans l'intérieur du Temple de Diane. On a mis au-devant de ces chambres une ſuite de colòmnes qui ſoûtiennent une corniche en ſaillie.

Mais le monument d'antiquité le plus beau & le mieux conſervé, non ſeulement à Niſmes, mais en Europe, eſt celui que l'on appelle la *Maiſon quarrée*. C'eſt un Temple d'ordre corinthien d'un goût exquis, élevé vers l'an 754 de Rome par le peuple de Niſmes, à l'honneur de *Caïus* & de *Lucius*, fils d'*Agrippa*. M. Seguier en a déchiffré l'inſcri-

De Montpel-lier à Marseilles.	Postes.	Distan-ce en milles anglois	Temps en route.		Observations Locales.
			b.	*min.*	
à Pujeau)	1	13	2	50	Plaine d'Avignon
à Avignon)	1				très-fertile & très-
à S. Andiol	2	12	1	55	riante, assez sembla-
à Orgon	1	6		50	ble au Piémont.
à Pont-Royal	2	11	1	45	
à S. Canat	2	11	1	45	*Nota.* Les Remar-
à Aix (*a*)	2	12	2		ques sur la Ville d'Aix
à Pin	2	10	1	40	sont à la page 41, ainsi
à Marseilles	2	10	1	40	que celles sur Marseil-
	29½	171¾	28	32	les.

(*a*) A Saint Jacques.

REMARQUES.

ption par les marques qui reſtoient des clous qui fixoient leſ
lettres dans la Friſe. — La voici : C. *Cæſari Auguſti*. *F. Cos.*
L. Cæſari Auguſti. *F. Cos. Deſignato , Principibus Juven-*
tutis.

On doit voir auſſi le cabinet de M. Seguier , Auteur de la
Bibliotheca Botanica.

A quatre lieues de Niſmes , en ſortant de Rémoulins ,
entre deux montagnes eſcarpées , & ſur la riviere du Gardon ,
eſt le fameux *pont du Gard* , ouvrage élevé par les Romains
pour conduire à Niſmes les eaux des fontaines d'Eure &
d'Airan. Il eſt compoſé de trois rangs d'arcades à plein
ceintre , & d'ordre toſcan , & eſt de 150 pieds de hauteur.
Le premier pont a 83 toiſes de long , & l'arche ſous laquelle
paſſe la riviere , a 13 toiſes d'ouverture. Le ſecond pont
a 10 toiſes de hauteur & 133 de longueur ; & le troiſieme
pont qui ſoûtient l'aqueduc , a 4 toiſes de haut & 136 de
long. On l'attribue à Agrippa , qui l'éleva lorſqu'il vint en
Languedoc , 19 ans avant la naiſſance de Jeſus - Chriſt. On
ſçait qu'il prenoit le nom de *Curator perpetuus Aquarum.*

Le pont Saint-Eſprit a 3000 pieds de long , & eſt parfaitement bien pavé. On ignore par qui il a été bâti. On croit
qu'il fut commencé en 1265 , fini en 1309 , & bâti par une
Société de perſonnes pieuſes , que l'on appelloit la Confra-
ternité des Ponts. Il n'eſt pas droit comme le ſont tous les
ponts , mais forme une courbe dont le ſommet eſt vers le
courant du Rhône ; ce qui peut avoir été fait à deſſein d'au-
gmenter la force de réſiſtance à la rapidité de ce fleuve.

De Villeneuve à Avignon , préciſément vis-à-vis cette derniere Ville , on paſſe le Rhône en bateau. Le fleuve eſt d'une
rapidité qui exige toute l'adreſſe & la force des Bateliers
qui conduiſent la barque , pour ne pas aller ſe briſer contre
les ruines d'un vieux pont dont les piliers ſont à fleur d'eau.

AVIGNON eſt une aſſez belle ville. Elle appartient au Pape
qui y tient un Légat. On y voit aux Cordeliers le tombeau de la fameuſe *Laure* , amante de *Pétrarque* , & celui

C 4

De Montpellier à Marseilles.	Postes.	Distance en milles anglois.	Temps en route.	Observations locales.

REMARQUES.

du brave *Crillon*. La Fontaine de *Vaucluse* coule au milieu d'AVIGNON, fous le nom de riviere de *Sorgues*.

AIX, belle ville, Capitale de la Provence, près de la petite riviere d'Arc. Siége du Parlement de Provence. Au milieu de cette ville eft un très-beau cours orné de belles fontaines & de belles maifons. L'hôtel-de-ville & l'églife des Prêtres de l'Oratoire eft ce qu'il y a de plus remarquable.

MARSEILLES a 120 mille ames, eft une colonie des Phocéens, bâtie plus de 600 ans avant Jefus-Chrift. On y admire l'arfenal, la fale d'armes, le cours ou la grande rue, longue de 700 toifes, tirée au cordeau, avec des allées d'arbres au milieu. Le port eft un des plus commerçants de la France. On fait voir à l'Abbaye de Saint Victor la grotte où l'on dit qu'a demeuré Sainte Magdeleine. La fale du fpectacle eft affez belle. — La façade de l'hôtel-de-ville eft du fameux Puget.

De MARSEILLES à NICE.	Postes.	Distance en milles anglois	Temps en route.		OBSERVATIONS LOCALES.
			h.	min.	
DE MARSEIL-LES (a) à Aubagné	2	13	2	15	Depuis MARSEILLES jusqu'à Toulon est un pays de montagnes
à Cuges (b)	1 ½	8 ½	1	20	& de vallées couver-
à Bausset	2	11	2		tes de vignes & d'o- liviers.
					A Olivales on voit les orangers & les grenadiers en plein champ.
à TOULON	2	14	2		De TOULON à Fré-
à Cuers	2	13	3	15	jus, pays de vallées,
à Pignan	1 ½	10	1	47	de collines, & quel-
à le Luc	1 ½	9	1	23	quefois de plaines couvertes de vignes
à Vidauban à le Muy	1 1 ½	16	2	40	& d'oliviers. De Muy à Fréjus, plaine.
à FRÉJUS	2	13	1	45	De Fréjus à l'Es-
à l'Estrelles	2	10	2	30	trelles on monte une
à la Napoule	1 ½	8	1	20	montagne assez es- carpée, que l'on des- cend en allant à la Napoule.
à ANTIBES	2 ½	15	2	35	D'ANTIBES & NICE
à NICE	2	12	4		grande plaine près de la mer, où l'on
(a) Aux Treize Cantons. (b) Bonne Au-berge à la Poste.	25	152 ½	28	30	trouve des haies de grenadiers, de myrte & d'aloës.

REMARQUES.

TOULON, place forte, port sûr, des plus grands & des plus célébres de l'Europe, couvert au nord par des montagnes élevées.—— L'hôtel-de-ville a un balcon soûtenu par deux Termes de Puget, qui sont parfaitement sculptés. Près de l'hôtel-de-ville est la maison de Puget, d'une architecture médiocre. Place d'armes; arsenal où est la corderie, bâtiment voûté d'une longueur étonnante; sale d'armes; chantier de construction.

A ANTIBES on a une très-jolie vue du bastion du couchant de la ville, de la mer, des ouvrages avancés du port : jardins remplis d'orangers, &c.

Entre ANTIBES & NICE on passe le *Var* à gué. Il étoit si rapide le jour que nous le passâmes, qu'il fut nécessaire d'avoir douze hommes à pied pour soûtenir la chaise contre le courant du fleuve de crainte qu'elle ne fût renversée.

NICE est renommée pour la beauté de son climat & la pureté de l'air qu'on y respire : on n'y sent point les rigueurs de l'hiver, & la terre y offre un printemps presque continuel.

De NICE à GÊNES, par le Col du Tende.	Postes.	Distance en milles anglois	Temps en route.		Observations Locales.
			h.	min.	
De NICE à Scarena	2	13	3	30	Scarena est une montagne très-haute & très-escarpée, que l'on monte au sortir de NICE.
à Sospello	2	13	3	30	
à la Chiandola	2	16	4		
à TENTE	2	14	3	50	De la Chiandola à Tende on suit le cours d'un torrent.
à Limon	2 $\frac{1}{2}$	18	5		
à CONI (a)	2 $\frac{1}{2}$	19	4	45	De Limon à CONI on voit le Mont Viso, à 40 milles, & la Roche-Melon & le Mont Cenis, à 70 milles.
à Centalle	1	7 $\frac{1}{2}$	1	3	
à Saviglian	1 $\frac{1}{2}$	12	2		
à Racconis	1	7 $\frac{1}{2}$	1	8	
à Poirin	2	15	2	15	Belle plaine couverte de meuriers blancs, de bleds, de vignes, chanvres, ritz, beaux pâturages.
à S. Michel	1	7 $\frac{1}{2}$		58	
à Cabaglion	1	7 $\frac{1}{2}$	1	10	
à ASTI (b)	1	7 $\frac{1}{2}$	1		
à Annone	1	7 $\frac{1}{2}$	1	8	
à Felizanno	1	7 $\frac{1}{2}$		55	
à ALEXANDRIA	1	7 $\frac{1}{2}$	1	37	
à NOVI (c)	2	15	2		Entre Novi & Voltaggio est le château de Gavi, situé sur le haut d'un rocher au milieu d'une plaine.
à Voltaggio	2	15	2	10	
à Campo Marone	2	15	2	40	De Voltaggio à Campo Marone est le passage de la Bocchetta. Du sommet de la Bocchetta on a une vue très-avantageuse de Gênes & du vallon dans lequel coule le torrent de la Polchevera, qui rend le chemin impraticable quand il a plu deux jours de suite.
à GENOA	1	11	1	45	
	32	236	45	34	

(a) A la Poste.
(b) A la Rosa Rossa.
(c) A la Poste.

REMARQUES.

De NICE à *Limon* on va fur des mules, à 12 livres de Piémont par mule; ou en chaife à porteur, à 3 livres par jour par porteur. On en prend fix ou huit, & on paie leur retour.

La *Chiandola* eft dans une fituation très-pittorefque. A une lieue de-là eft le bourg de *Saorgio* fi fingulierement fitué fur le haut d'une montagne, qu'il paroît fufpendu en l'air.

TENDE eft la capitale d'un Comtat qui donne le nom de *Col du Tende* à ce paffage des Alpes; on eft trois heures à monter & deux à defcendre.

Le paffage du *Col du Tende* eft plus incommode que celui du *Mont Cenis*. On n'y peut point faire paffer fa voiture; il faut l'envoyer de Nice à Gênes par mer.

De Racconis à Poirin on voit la *Superga* & *Chiers* près de Turin.

A Poirin on trouve la grande route de Turin à Gênes.

A ALEXANDRIE on y admire la citadelle qui eft très-forte, & le palais du Gouverneur. Elle eft fur le Tanaro.

NOVI eft la premiere ville des Etats de Gênes fur cette route.

Le paffage de la *Bocchetta* eft une route très-agréablement variée de jolis côteaux & vallons, & le chemin en eft fort bien entretenu.

GÊNES, ville riche & fuperbe. Les églifes, les palais des Nobles, tout y eft de la plus grande magnificence. Les rues *Neuve* & *Balbi* (ftrada Nuova, ftrada Balbi) font appellées avec raifon des magazins de palais. La Cathédrale eft d'ordre gothique, couverte de marbre noir & blanc. Les façades de plufieurs palais, entre autres des palais Doria, Balbi, Durazzo, Brignoletti font de marbre. Les Eglifes les plus remarquables font l'Annonciade, Saint Cyro, ou les Théatins, Saint Philippe, les Jéfuites, Saint Ambroife, & l'Eglife Carignan. On admire dans l'*Albergo* un beau relief de Michel Ange d'une Vierge foûtenant un Chrift mort, &

De GENOA à BOLOGNA.	Postes.	Distance en milles anglois.	Temps en route.		Observations locales.
			h.	*min.*	
De GÊNES à Campo Marone	1 ½	11	1	45	A deux milles de TORTONE on passe la *Scrivia* en bateau : la chaise passa à gué.
à Voltaggio	2	15	2	40	
à Novi	2	15	2	15	Sur le chemin de *Broni* il y a une partie du chemin assez mauvaise appelée la montagne de boue.
à TORTONE	2	14	1	45	
à VOGHERA	1	9	1	35	
à *Broni*	2	15	2	30	
à *Castel S. Giovani*	1	8	1	10	A deux milles de PLAISANCE on passe la Trebia en bateau.
à PIACENZA	2	12	2	20	
à *Fiorenzola*	2	2	2	20	
(*a*) à Borgo S. Domino	2	14	2	10	De PLAISANCE à PARME, beaux chemins plats.
	1	8	1	10	
à Castel Guelfo	1	8	1	5	Entre Rubiera & MODENE on passe la *Senza* en bateau.
à PARMA (*b*)	1	8	1	50	
à San Ilario	1	6 ½		58	En sortant de Modene par la porte Sarragossa, on voit un portique de trois milles de long, qui conduit à *Santa Madonna della Guardia*.
à *Reggio*	1	9	1	30	
à Rubiera	1	9	1	30	
à MODENA (*c*)	1	7	2	10	
à la Samoggia	1 ½	13	2	10	
à BOLOGNA (*d*)	1 ½	12	2		
(*a*) Bonne auberge. (*b*) A la Poste, bonne auberge. (*c*) A l'Auberge Ducale, magnifique auberge. (*d*) Aux Pélerins.	25 ½	193 ½	35	23	Entre MODENE & la Samoggia on passe le Panaro en bateau. Beaux chemins sur les États du Pape.

REMARQUES.

l'*Affomption* de la Vierge en marbre blanc par Puget, chef-d'œuvre de fculpture.

Près de GENES à Cornegliano, M. Durazzo a bâti une maifon magnifique qui lui a coûté près d'un million avant que d'avoir commencé à la meubler. Il y a de très-beaux tableaux dans les palais Balbi & Durazzo.

A deux milles de *Caftel S. Giovani* eft un ruiffeau qui fépare les Etats du Roi de Sardaigne de ceux de Parme.

PARME, belle ville & bien peuplée. La Cathédrale eft magnifique. Le palais des Ducs de Parme eft grand & bien bâti. Le grand Théatre eft le plus vafte qu'il y ait en Europe, & difpofé de façon, que d'un bout on peut entendre le fon le plus bas de l'autre, & fi on éleve la voix, il n'y a ni écho ni confufion. — La galerie du Théatre contient de beaux tableaux. Les plus beaux morceaux du Correge font ici, fur-tout le tableau qu'on voit à l'Académie, où l'Enfant-Jefus eft repréfenté avec la Vierge, faint Jérôme, fainte Marie Magdelaine & un Ange. Il faut voir auffi les tableaux de ce Peintre à *S. Sepolcro*, à la *Madonna della Scala*, au *Duomo* ; & à l'Académie, la Patente de Trajan aux Vellejens fur une table de bronze.

MODENE, jolie ville, bien bâtie. On y va par-tout fous des portiques. — Le palais du Prince eft magnifique, a quatre rangs d'architecture, dorique, ionique, corinthien & compofé.

BOLOGNE, grande ville, riche, bien peuplée. On y compte 75,000 ames. Elle a 5 milles de tour. Les édifices publics y font magnifiques, tant par l'architecture que par les ornements ; & après Rome, c'eft la ville d'Italie où il y a le plus de beaux tableaux. Elle a été de tout temps célebre pour les Sciences. Elle a une Univerfité fameufe, une Académie renommée. Son commerce eft confidérable. On y voit entre autres chofes la méridienne de fainte Pé-

De GENOA à BOLOGNA.	Postes.	Distance en milles anglois	Temps en route.	OBSERVATIONS LOCALES.

trouille,

SUR BOLOGNE.

tronille, tracée par *Dom Caffini*. Le *muſeum*, ou *l'inſtituto*, rempli de toutes fortes de curioſités de la nature & de l'art.--- Les plus beaux monuments d'architecture à Bologne font le palais *Caprara*, dont les appartements font très-beaux, la façade & *l'eſcalier* du palais *Fantucci*. La fontaine de marbre de la place *del Gigante*, par Jean de Boulogne. Il y a auſſi pluſieurs beaux morceaux de ſculpture de Jean de Boulogne, entre autres le Neptune de la fontaine *del Gigante*, & un beau crucifix d'yvoire chez le Comte *Zampieri*. Les plus beaux tableaux font dans la galerie du même Comte Zampieri. On y voit les travaux d'Hercule par *Carraci*, & plu- ſieurs autres des trois freres de ce nom. Une Danfe par *Albano*; faint Paul fuifant des remontrances à faint Pierre, chef- d'œuvre de *Guido*; & pluſieurs autres de *Guercino* & des grands Maîtres d'Italie.—Sainte Cécile par *Raphael*, à ſainte Pétronille. Le Martyre de faint Agnès dans l'égliſe de ce nom, par *Dominichino*. — Il y a de très - beaux tableaux de *Guido* dans la magnifique égliſe de *faint Salvator*, & dans l'égliſe de Mendicanti. On a une très-belle vue de Bo- logne de l'égliſe de S. *Michele in Boſco*, où l'on trouve deux beaux tableaux, l'un de *Guercino*, faint Bernard qui reçoit la régle de ſon Ordre; & l'autre de la Magdeleine de Guido par *Canuti*. Il y a dans cette Egliſe de jolis porti- ques peints par *Carlo Signani*. Les cloîtres en ont été peints par *Lodovico Carraci*.

Il y a à Bologne pluſieurs *tours penchantes*; les principales font celles des *Afinelli* & de *Gariſendi*. J'ai monté au haut de la premiere, dont l'eſcalier de bois ne vaut gueres mieux qu'une échelle, & qui a environ 300 marches.

D

De BOLOGNA à FLORENCE.	Postes.	Distance en milles anglois	Temps en route.		OBSERVATIONS LOCALES.
			h.	min.	
De BOLOGNE à Pianoro	$1\frac{1}{2}$	12	1	55	Vallée dans laquelle le chemin est tou-toujours au fond, & plat.
à Loiano (a)	$1\frac{1}{2}$	12	2	50	
alle Feligare	1	9	1	30	À Loiano, & à la poste suivante, on va toujours en montant.
à Covigliaio	1	8	1	25	
à Monte Carello alle Masche-re (b)	1	10	2		De Covigliaio à Caffagiolo on va toujours en descen-dant, & l'on traver-se les Apennins.
à Caffagiolo	1	$7\frac{1}{2}$	1	30	
à Fontebuona	1	7	1	35	Belle vue de l'au-berge des Masche-re. Les chemins sont fort bons sur cette route.
à FIRENZA à FLORENCE (c)	1	7	1	30	
	9	$72\frac{1}{2}$	14	15	

(a) On peut, si l'on veut, s'ar-rêter à *Loiano*.

(b) Comme il n'y a point d'au-tre auberge sur la route, on di-vise la poste en deux, afin de coucher *alle Maschere*, & l'on paie alors la dé-pense des che-vaux & des po-stillons, environ un zechin pour six chevaux & deux postillons.

(c) Chez Car-lo, Anglois.

REMARQUES.

FLORENCE, belle & grande ville sur l'Arno. On y compte 150 églises, 17 places publiques, & un grand nombre de palais. Elle est située dans une plaine charmante entourée de côteaux très-agréables. Elle est assez bien peuplée : des personnes instruites m'ont assuré qu'elle avoit près de 80,000 ames. Il faudroit composer un livre pour en bien décrire les beautés. Le PALAIS PITTI, où demeure le Grand Duc, la GALERIE, la CATHEDRALE, la Tour del *Giotto*, le *Baptistaire*, sont les monuments qui frapent le plus un Etranger. Dans le *Palais Pitti* (dont l'architecture d'ordre rustique offre un coup d'œil imposant) on voit d'assez belles statues dans les cours, & dans les appartements; de très-beaux tableaux, sur-tout le fameux tableau de *Raphaël*, connu sous le nom de *Madonna della Sedia*, & une quantité prodigieuse d'autres beaux tableaux du même Maître, de *Guido*, de *Guercino*, d'*Andrea del Sarto*, de *Parmegiano*, &c. Du côté des jardins du Palais est une autre façade fort belle. Dans les jardins de *Boboli*, qui joignent ceux du Palais Pitti, on voit de fort belles statues, entre autres une d'un homme qui porte sur l'épaule un vase dont il verse l'eau, par *Jean de Boulogne*, & une statue de Neptune dans une conque de granite d'Egype, d'une seule piéce, de 36 pieds de circonférence ; & sur tout le groupe d'*Adam & d'Eve* dans un jardin séparé du grand, qu'on appelle *il Giar-*

REMARQUES.

dinetto : ces deux statues, qui sont d'un Napolitain, sont aussi expressives que le plus beau tableau. Dans ces mêmes jardins de Boboli est la *Ménagerie*, où il y avoit des autruches quand je l'ai vue, & des moutons dont les queues pesoient 30 livres. Dans la *Cathédrale* on remarque sur-tout le dôme, les bas-reliefs autour du chœur. Du haut de la Tour quarrée *del Giotto*, qui est revêtue de marbre blanc, on découvre tous les environs de Florence, qui forment des points de vue aussi agréables qu'étonnants. Près de la Cathédrale est un petit bâtiment que l'on appelle le *Baptistère*, dont les portes de bronze sont admirablement bien sculptées & ciselées par *Lorenzo Ghiberti*. Outre les statues qui sont à la porte & dans la cour du vieux Palais, entre lesquelles est celle de David par Michel Ange, & l'enlevement d'une Sabine par Jean de Boulogne, on en voit de belles dans l'intérieur, surtout dans la sale du Conseil. On voit dans l'église des Carmes la Chapelle de Corsini, où sont deux bas-reliefs magnifiques de *Fugini*, & dont la coupole est peinte par *Luca Giordano*. Il y a aussi de très-beaux tableaux de *Masaccio*, peints depuis plus de 300 ans. — Dans l'église du Saint-Esprit, le grand autel est d'une très belle architecture. — A *San Lorenzo* on admire la magnifique chapelle des Médicis, & le Repositoire des tombeaux, où sont de très-belles statues de Michel Ange, de qui est aussi l'architecture du vaisseau de la bibliothèque. — Les vitrages de cette bibliothèque sont très-bien peints. — L'Eglise saint Marc mérite aussi d'être vue : Les Dominicains y vendent d'excellents parfums. En différents endroits de la ville on trouve de très-beaux morceaux d'architecture & de sculpture, tels que le palais Ricardi ; le palais Corsini, la colomne dorique, place Ducale. — Le bas-relief de *Bandinelli*, place saint Laurent, le Centaure tué par Hercule, de *Jean de Boulogne*, &c. — La GALERIE est remplie de chefs-d'œuvres de sculpture. On y voit parmi les belles statues

REMARQUES.

antiques celle de Diane; Vénus fortant du bain; Vénus Géni-
trix; l'Athlete; Cupidon & Pfyché; Bacchus & un Faune;
Vénus & Mars; Endymion; Pomone; Mercure; Léda; Hercule luttant avec le Centaure; une Bacchante d'une grande
legéreté. Deux Agrippines affifes; une Idole Etrufque; un
Prince Etrufque, ou *Lucomone*. Et parmi les ouvrages modernes on admire le Bacchus de Michel Ange, & la fameufe
copie du Laocoon par Bandinelli. Dans une des chambres
de la galerie, que l'on appelle la TRIBUNE, font les belles
ftatues de la *Vénus* des Médicis; Vénus *Pudica*; Vénus
Victrix; le Faune danfant; les Lutteurs; l'Emouleur; le
fameux tableau de la Vénus de Titien; un autre tableau du
même Peintre, repréfentant fa femme nue fous la figure de
Vénus. Saint Jean dans le défert, par Raphael; petite Madonna à genoux du Correge; & plufieurs tableaux de Rubens & d'autres grands maîtres. Dans une autre chambre,
auffi joignante à la galerie, eft le beau cabinet des Médailles, & fur-tout des Médaillons en bronze, qui eft une des
plus belles fuites des Médailles en Europe; & la belle collection des Camées & Pierres gravées.—Il ne faut pas
manquer de faire attention au beau Pont de la Trinité.

A environ 2 milles de Florence eft le *Poggio Imperiale*,
où l'on trouve de très beaux tableaux, & une ftatue de marbre d'Adonis par Michel Ange.

A 6 milles de Florence on va voir des jardins fort agréables, appellés le *Pratolino*, où l'on voit la ftatue de l'Apen-
nin, de 60 pieds de haut en proportion, & plufieurs grottes
où font pratiqués de curieux jets d'eau.

De FLORENCE à ROME.	Poftes.	Diftance en milles anglois	Temps en route.		OBSERVATIONS LOCALES.
			b.	min.	
De FLOREN-CE à San Caf-ciano	1 ½	8	2	15	De FLORENCE à SIENNE eft un pays charmant de colli-nes, de vallons cou-verts de vignes & d'oliviers.
à Tavernelle	1	8	1	55	
à Poggio Bon-zi (a)	1	7	1	40	La route en eft très-belle.
à Caftiglion-cello	1	8	1	25	
à SIENNA (b)	1	9 ½	2	10	
à San Monte-roni	1	9	1	23	
à Buon Con-vento	1	8	1	15	Près de Buon Con-vento eft Montepul-ciano, dont le vin eft tant vanté par Redi dans fon Di-tyrambo.
à Torrinieri	1	6		55	
à la Scala	1	9 ¾	2		
à Ricorfi	1	4 ¾	1	5	
à Redicofani	1	6 ½	1	45	
à Ponte Centi-no	1 ½	9	1	34	Près de Redicofani eft Chiufi, autrefois Clufium, Capitale des Etats de Porfen-na.
à Aquapen-dente	1	6 ½		40	
à San Lorenzo	¾	5	1	3	De SIENNE à Ponte Centino on trouve beaucoup de monta-gnes peu fertiles, & l'on a beaucoup à à monter & à def-cendre; mais la rou-te eft fort belle.
à Bolfena	¾	4 ½		41	
à Montefiafco-ne	1	9	1	50	

(a) A la pofte.
(b) chez Mon-cene.

Le Lac Bolfena a 30 milles de tour.

REMARQUES.

Sienne, Ville célebre de la Toscane. On y compte 16 à 17 mille ames. La *Cathédrale*, quoique gothique, est un ouvrage achevé. Elle est toute revêtue de marbre noir & blanc en dedans & en dehors : devant le parvis sont deux colomnes antiques de porphyre. Dans la Chapelle *Chigi* sont deux très-belles statues de sainte Magdeleine & de saint Jerôme, par Bernini, & 8 colomnes de verd antique. On y montre aussi une Madonna que l'on vous assure avoir été peinte par saint Luc. Le bénitier est d'un beau travail grec : la chaire est d'un beau marbre d'Afrique, & les bas-reliefs, sur-tout ceux de l'escalier, en sont admirables. Le pavé de cette église est partie gravé & partie mosaïque. On y voit aussi la statue d'Alexandre VII par Bernini, & deux beaux tableaux de *Carlo Maratti* dans la chapelle *Chigi*. Dans la Bibliothéque près l'église est un grouppe, très bien travaillé, des trois Graces en marbre blanc, que l'on dit, je ne sçais pas pourquoi, être de Sophronique, pere de Socrate ; & dans cette même sale sont les ouvrages à Fresque de Raffael, Perrugino & Pinturricchio. — La Tour du Palais de la Seigneurie est très-élevée; & du sommet de cette Tour on a une belle vue qui s'étend jusqu'à Redicosani. La place où est le palais de la Seigneurie est en forme de coquille, dont les ruisseaux font les arrêts, & un égoût le noyau. On ne doit pas négliger de voir l'intérieur de l'église des Augustins, où sont beaucoup de tableaux de l'Ecole de Sienne, peu connue hors de cette ville, & bonne. L'autel de cette église est bien travaillé. Dans l'église des Dominicains est le tableau de la *Madonna* de Guy de Sienne, peint en 1221. Il y a dans cette ville un *Cassino* où s'assemble la Noblesse, hommes & femmes. On fait voir aussi aux Etrangers la Maison des Socins originaires de cette ville.

De FLORENCE à ROME.	Poftes.	Diftance en milles anglois	Temps en route.		OBSERVATIONS LOCALES.
			b.	min.	
à VITERBO	I	10	I	10	
à la Montagna	¾	5	I	15	La Montagna eft le *Mons Ciminus.*
à *Ronciglione*	I	7	I	20	*Ronciglione* eft fur les bords du Lac *Vico* : *Lagus Ciminus.*
à Monte Rofi	I	9	I	40	De Monte Rofi à Baccano on fait une partie du chemin fur l'ancienne *Via Caf-*
à Baccano	I	7	I	4	*fia.*
à la Storta	I	9½	I	28	De Baccano à 16
à ROMA (*à*)	I	9½	I	30	milles de Rome, on commence a voir la
(*a*) Chez Benedetto, & plufieurs autres dans le voifinage de la place d'Efpagne.	23¼	175½	33		boule de la croix de Saint Pierre.

REMARQUES.

ROME, grande & magnifique ville , a 13 milles de tour,
& contenoit, en 1767 , 159760 habitants, fans compter les
Juifs. Les églifes, les palais , les maifons de plaifance, les
antiquités, les ruines, tout dans cette ville témoigne en fa-
veur de fa grandeur ancienne & moderne. Je ne ferai qu'indiquer ici les chofes les plus remarquables. Quand on eft à
Rome on ne manque ni de livres ni d'Interpretes qui vous
dirigent dans vos recherches. — Saint Pierre eft non feulement la plus belle églife de Rome, mais le plus bel édifice
du monde. Le périftyle qui regne autour de la place, les deux
fuperbes fontaines , l'obélifque au milieu, la façade, la coupole élevée de 68 toifes (a) jufqu'au fommet de la croix,
font un effet inexprimable fur les ames fenfibles au fublime
& au beau. Les belles proportions qui font obfervées dans
l'intérieur de cette fuperbe églife , font que, toute vafte
qu'elle eft, l'efprit faifit fans peine toutes les parties qui fe
préfentent à la vue, & l'on n'eft étonné de la grandeur de
ces parties que lorfqu'entrant dans le détail, on les trouve
fort au-deffus de ce qu'on les avoit imaginées. Le baldaquin
de bronze de 122 pieds de haut, les bas-reliefs, les tableaux,
les ftatues, tout enfin ce que faint Pierre renferme, exigent
au moins plufieurs jours pour les bien examiner. Après faint
Pierre , les deux plus belles églifes de Rome font *Sancta
Maria Maggiore* , *& faint Jean de Latran. San Paolo* eft
hors de la ville ; *fan Pietro in Vincoli* , où eft la fameufe ftatue de Moïfe par Michel Ange. *Sainte Agnès* dans la place
Navone, où fe voit le beau relief d'*Algardi* , repréfentant
fainte Agnès nue couverte de fes cheveux : ce morceau eft
admirable. *San Girolomo della Carità* , où eft le chef-d'œuvre
de Dominichino de faint Jérôme communiant. — La *Trinità
Dei Pellegrini* poffede un beau tableau d'une defcente de

(a) L'aiguille de Strasbourg a 69 toifes un pouce jufqu'au deffous
de la croix.

REMARQUES.

croix par Volterra. *Sainte Croix en Jerusalem ; sancta Bibiana*, où l'on voit le chef-d'œuvre de Bernini, une belle statue de *sainte Bibiane* d'une draperie admirable. — La magnifique église de *saint Ignace* ; celle de *Gesu*, où sont quatre colomnes de Lapis Lazuli, & deux beaux grouppes de *Legros* & de *Teudona* ; & l'église des *Capucins* qui renferme le beau tableau du Guide, représentant l'*Archange* vainqueur de Satan. — Parmi les palais sans nombre qui embellissent Rome, on distingue le *Vatican*, bâtiment immense où sont conservés les thrésors les plus précieux de l'antiquité & des grands hommes des derniers siécles. La bibliothéque est célebre par la quantité prodigieuse des manuscrits qui y sont. En tableaux, on remarque l'*Ecole d'Athenes*, plusieurs autres ouvrages en fresque de Raphael, & ses *Arabesques* que l'on a gravés & publiés depuis peu. Dans la chapelle Sistina est le Jugement universel de Michel Ange, d'une composition & d'une expression étonnante. Du bout d'une galerie de 1200 pas se voit une belle statue couchée, dite Cléopatre ; & dans *le cortile del Belvedere* sont l'*Apollon* que l'on regarde avec raison comme la plus belle statue de l'antiquité ; le *Laocoon* ; le *Méléagre*, appellé aussi Antinoüs. — Monte Cavallo est un autre palais où les Papes résident. — Le palais Barberini est d'une très belle architecture ; on y voit la Magdeleine de *Guido*, Rome & Venus, deux tableaux que l'on dit antiques, mais qui ne le sont pas ; une mosaïque antique de l'enlevement d'Europe ; un joli grouppe de sculpture gréque d'Atalante & de Méléagre. — Le palais Borghese est très spacieux, en forme de clavecin, bâti par le célebre *Bramante* : la colonnade de la cour est assez belle. Il y a un nombre infini de beaux tableaux, quelques beaux morceaux de sculpture, entre autres un crucifix de Michel Ange. Au haut du palais est un appartement délicieux de la Princesse Borghese orné de grands paysages de Vernet, qui ont tant de vérité, qu'en entrant dans l'appartement où ils sont on

SUR ROME.

croit être en pleine campagne. Le palais Rospigliosi possede
le fameux tableau de l'*aurore* par *Guido*. Le palais Colonna
est très riche en tableaux des premiers Maîtres dans tous les
appartemens, & sur-tout dans une galerie que l'on peut
bien regarder comme la plus belle & la plus riche qu'il y ait
en Europe. Dans les jardins Colonna sont les ruines des bains
de Constantin, & celles du temple du Soleil; une corniche
merveilleusement bien travaillée, qui se trouve dans ces jardins, & que l'on croit avoir appartenu à une des colomnes
de ce temple, donne à juger, par induction, de l'énorme
grosseur & de la beauté du travail de ces colomnes.— Le
palais Aldovrandini, où se voit le plus beau monument de la
peinture antique, connu sous le nom *des Noces Aldovran-
dines*, tableau où la beauté du dessein paroît dans la plus
grande perfection.— Le grand palais Farnese qui possede
l'*Hercule* dit Farnésien, de Glicon; la *Flore*, dont la draperie est justement admirée, toutes deux dans la cour; &
dans la galerie, les bustes d'*Homere*, de *Mithridate*, sur-tout
le beau buste de *Caracalla*, morceau de sculpture exquis,
& la Galatée d'Annibal Carracci, & l'histoire de Persée &
d'Andromede du même Peintre, estimés les ouvrages les
plus parfaits qu'il y ait en fresque : on voit aussi dans une petite cour près de ce palais le fameux grouppe *del Toro Farnese*. Au petit palais Farnese il y a la statue d'Agrippine as-
sise qui paroît méditer d'un air triste; la Vénus Callipyge, &c.
Près du petit palais Farnese est le palais *Corsini*, dont la bibliothéque est très-belle, & rendue publique. J'ai vu le maître
de ce palais donner à l'Empereur le 27 Mars 1769 un bal &
un souper de 500 couverts, servi chaud, pour lequel le
Prince Corsini me dit n'avoir emprunté ni vaissel, ni linge,
ni porcelaine; ce qui peut servir à donner une idée de la
magnificence des grands Seigneurs Romains. Le Prince Doria
donna aussi quelques jours après, le 2 Avril, un bal paré,
pour lequel il fit de sa cour (qui a 80 pieds en quarré) une

R E M A R Q U E S

fale magnifique, en élevant le plancher à la hauteur de la galerie du premier étage, qui regne autour de la cour, & abbatant les fousbaffements des fenêtres, afin d'en faire des portes pour communiquer par la galerie aux appartements; & ce qu'il y eut d'étonnant, c'eft que tout cela fut fait en trois jours. Le 26 Mars la façade de faint Pierre, la coupole, le périftyle, tout ce vafte bâtiment fut illuminé en 4 minutes au fignal donné.── Parmi les palais qui portent le nom de *Villa* dans Rome, la *Villa Medici*, fituée fur les ruines des jardins de Lucullus, mérite d'être citée la premiere par le grand nombre des thréfors de tous les genres de l'art qu'elle poffede; la galerie & les jardins font ornés des plus beaux monuments de la fculpture des Anciens; le groupe de Niobé & de fes enfants par *Scopas* s'y trouvoit lorfque j'étois à Rome; mais le Grand Duc l'a fait tranfporter à Florence. Sous les portiques de la *Villa Negroni* font les belles ftatues de Sylla & Marius. La *Villa Mattei* offre une très-belle collection de ftatues. La *Villa Ludovifi* eft fituée fur le Mont Pincio, près des ruines du cirque & des jardins de Sallufte. On y voit l'Aurore de *Guercino*, au-deffous du même fujet traité par *Guido*; & en fculpture, un groupe antique du jeune Sénateur Papirius & fa mere; un autre d'Aria & Pétus. Un groupe de l'enlevement de Proferpine par *Bernini*. La *Villa Madama* eft agréablement fituée; il y a un théâtre de gazon pratiqué dans un petit bois près de la maifon, fur lequel on prétend que l'Aminte du Taffe fut repréfentée pour la premiere fois. La *Villa Borghefe*, à trois milles de Rome, eft un édifice très-vafte, dont les façades font revêtues de très-beaux bas-reliefs antiques, entre lefquels en eft un remarquable de Curtius fautant à cheval dans le gouffre. Au-deffus de la porte de la fale eft un bas-relief de cinq figures qui fe donnent la main. C'eft dans cette ville que l'on voit le fameux *Gladiateur* combattant, par Agathias d'Ephefe; Coriolanus & Veturia; l'Hermaphrodite; Séneque mourant

SUR ROME.

dans le bain ; un grouppe de trois Graces, femblable à celui de Sienna ; un Centaure dompté par l'Amour ; Ænée & Anchife de *Bernini* ; Apollon & Daphné *du même* ; enfin on va voir la *Villa Albani* que l'on peut bien appeller le Temple du goût & des richeffes. Il n'y a rien de fi riche & de fi achevé dans Rome ou aux environs. Les plus belles ftatues y font fans nombre, ainfi que des morceaux merveilleux de fculpture dans les marbres les plus riches. Les compartiments des pavés des appartements d'en haut font de verd, antique, en lapis lazuli, en albâtre fleuri, & autres marbres précieux. Il y a une colomne d'albâtre fleuri d'une feule piéce, morceau unique. Les pilaftres de quelques chambres font ornés de camées antiques ; mais ce qu'il y a d'ineftimable eft un bufte d'Antinoüs en bas-relief au-deffus d'une cheminée, que les connoiffeurs eftiment à jufte titre le plus beau bas-relief de l'antiquité. Le Cardinal Alexandre Albani, le meilleur juge des beautés de l'antique, a paffé cinquante ans, & employé des fommes confidérables à réunir tout ce que cette magnifique *Villa* renferme. En parlant des palais, je n'aurois pas dû omettre le *palais Giuftiniani* & le *palais Spada*. Dans le premier, la galerie offre de très-belles ftatues, entr'autres une de Minerve qui eft la plus belle que l'on connoiffe de cette Déeffe ; & près de l'efcalier eft le bas-relief d'Amalthée, nourrice de Jupiter, qui peut entrer en concurrence avec l'Antinoüs de la *Villa Albani*. Dans le fecond eft la ftatue de Pompée, la même au pied de laquelle Céfar tomba affaffiné. Elle a été trouvée dans la rue des *Leutarii*. Je n'entreprendrai pas d'indiquer même toutes les beautés dans tous les genres qui fe trouvent au *Capitole* ; mais je ne puis paffer fous filence la ftatue équeftre de Marc Aurele devant l'édifice, les Rois captifs dans la cour, la ftatue coloffale d'Augufte fous le portique de la cour, la colomne roftrale de *Duilius*, & dans l'intérieur, la ftatue coloffale de Pyrrhus, le tombeau de Sévere, les ftatues d'Antinoüs, des *Centaures*

REMARQUES

de *Bafalte*, le *Gladiateur mourant*; la belle colomne d'albâtre; & ce chef-d'œuvre de l'art de la mofaïque, ce tableau des trois pigeons qui fe jouent fur le bord d'un baffin plein d'eau, fi élégamment décrit par Pline qui l'attribue à *Sofus* de Pergame. Ce précieux monument de l'induftrie des Anciens & de leurs connoiffances dans l'art de la peinture, fut trouvé à *Tivoli*, dans les ruines de la maifon de plaifance d'Adrien, par le Cardinal Furielli, & vendu au Pape qui le donna au Capitole. Les fontaines de Rome ne font pas moins remarquables que les autres édifices de cette grande ville : entr'autres on voit avec admiration la fontaine Trevi; *Aqua Felice*, *Fonte Paolino*, près de laquelle eft le beau tableau de la Transfiguration par *Raphael* à faint Pierre *in montorio*. Pour paffer des édifices modernes aux monuments de l'antiquité, nous nous arrêterons premierement au Panthéon bâti par Agrippa, à préfent *fancta Maria della Rotunda*, qui eft le mieux confervé dans Rome. La Coupole a fervi de modele à toutes celles qui ont été bâties depuis. Le portique, de la plus grande beauté, eft foûtenu par des colomnes de granite d'une feule piéce. Le *cadre* de la porte eft d'un feul morceau de marbre. L'intérieur de l'églife eft orné de très-belles colomnes d'ordre corinthien; les niches font dans la proportion recommandée par Vitruve, ce qui fait conjecturer qu'il a été l'Architecte de ce Temple. On monte fur le toit pour admirer l'effet de la vue en dedans par la lanterne. — Le *Colifée*, ou l'amphithéatre bâti par Vefpafien, a cinq rangs d'architecture; quelques-uns difent avec les cinq ordres; mais j'avoue que je n'ai jamais pu les appercevoir. Le maufolée d'Adrien, à préfent le château S. Ange; le pont Ælien, bâti par Adrien; le maufolée d'Augufte près de *Ripetta*; les arcs de triomphe de Sévere, de Titus, de Conftantin, de Janus, de *Néron Drufus*. — Les ruines des Temples de *Giove Stator*, de *Giove Tonante*, de la Concorde, de la Paix, d'Antonin & de Fauftine, du Soleil & de la Lune;

SUR ROME.

celui de Romulus, appellé *San Toto*; celui de Rémus &
Romulus, ou *faint Côme* & *faint Damien*. Le Temple de
Pallas près le *Foro di Nerva*. Le Temple de la *Fortune vi-
rile*, celui de *Vefta*. — Les ruines des Thermes de Dioclé-
tien, dont la partie nommée *Xiftes*, ou ce qui compofoit les
portiques du Gymnafe, fait la grande piéce de l'églife des
Chartreux. On y voit huit colomnes de granite oriental antique, chacune d'une feule piéce, d'une hauteur & d'un poids
qui fait que l'on a peine à comprendre comment les Anciens
avoient les moyens d'apporter des maffes auffi énormes d'une
auffi grande diftance. Ruines des palais des Céfars fur le
Mont Palatin dans les jardins Farnefes. Près de là font les
ruines des bains de Livie, avec des reftes de la peinture
ancienne en fréfque en or & azur. Près de là fe montre la
fituation de la maifon de Romulus. — Ruines du théatre de
Pompée, près la *Curia Pompeii*, où fut tué Céfar. — Ruines de théatre de *Marcellus*. — Toutes les ruines du *Forum
Romanum*, ou *Campo Vacino*; du pont d'*Horatius Cocles*, ou
pont *Sublicius*, & du pont *Palatinus*. — Ruines du *Circus
Maximus*; de la *Curia Oftilia*; des trophées de Marius; de
l'*Acqua Marcia*, de l'art de Gallien, du portique de Philippe &
de celui d'Octavie; de la *Villa*, & de la tour de Mécénas, près
de S. Vito, & l'art Gallen, ou près de faint Martin *del Monti*.
Ruines de *Minerva Medica*, du Temple de *Vénus & de Cupidon*; de l'amphithéatre *Caftrenfe*; des aqueducs de l'*Aqua Clau-
dia*; des thermes de *Caracalla*; des thermes de *Titius*, ou les
fept fales. Tombeaux de la famille Aruntia dans une Vigne près
du Temple de *Minerva Medica*: Aruntius étoit Conful fous
Tibere. — *Cloaca Maffima*, bâtie par Tarquin. Ruines du
tombeau de Métella, dites *Capo di Bove*. Cirque de Caracalla. — Temple de l'Honneur & de la Vertu. — Maifon de
Cicéron. — Temple du Ridicule; — de la *Fortuna Muliebre*;
Temple & Autel de Bacchus; Fontaine *Egérie*; Sépulcre
de *Scipion*, de *Camille*: fœur d'Horace, des Affranchis de

REMARQUES.

Livie ; Temple de Bacchus, (près sainte Agnès hors de la ville) où se voit un très-beau sarcophage sculpté en porphire. Ce Temple est une coupole soûtenue par vingt-quatre colomnes doubles de porphyre. — La prison de Jugartha, que l'on appelle *Carcere Mammertino* ou *Tulliano*, dans laquelle on dit aussi que saint Pierre fut détenu. Je ne veux pas omettre de parler des Obélisques de *la Porta del Popolo*, & de celui qui est couché au Champ de Mars, que l'on appelle *Obelisco Orario*, qui a 122 palmes de hauteur ; il étoit d'une seule piéce, & offre des figures très-bien sculptées en creux. Il ne faut pas manquer de voir encore la galerie de saint Ignace, ou le *Museum Kircherianum*, &, si l'on peut, le beau Camée du Duc ne Bracciano en agate onyx, de 6 pouces sur 4 & demi, représentant Alexandre & Olympie, ouvrage de *Pyrgoteles*, & le fameux Camée de Cicéron que le Maréchal *Chigi* acheta en 1769 pour 800 sequins. Il faut aussi voir la statue de *Jonas* dans une église de la *Piazza del Popolo*, dont le dessein & la direction sont de Raphael. La plus belle vue de Rome, & peut-être d'aucune Cité du Monde, est des jardins du Prince Lante, au dessus du palais Corsini, dont *Vasi* a publié une belle estampe.

TIVOLI, à 20 milles de Rome, offre plusieurs choses dignes d'être vues, entre autres les ruines du palais d'Adrien ; les ruines de la *Villa* de Mecenas ; de celle de *Varus* ; le Temple de la Sibylle ; la Cascade ; les *Cascatelle*.

REMARQUES.

De ROME à NAPLES.	Postes.	Distance en milles anglois	Temps en route.	OBSERVATIONS LOCALES.
			h.　min.	
De ROME à Tor Mezzá Via	1	8 ¼	1　20	
à Marino	1	6 ¼	1	Les vues de cette route sont très-variées en collines & vallées.
à la Faiola	¾	4 ¼	1	
à *Velletri*	¾	5 ¼	1 . 10	
à Case Fondate	1 ¼	9 ¼	1　15	
à Sermoneta	1	5 ¾	45	Toute la Campanie est mal cultivée à cause des impôts sur les grains. L'air y est très-mal-sain.
à Case Nuove	1	8 ¾	1　25	
à *Piperno* (*a*)	1	5	1	
à Limaruti	1	7 ¾	1　35	
à Terracina	1	7 ½	1　22	A Terracina on est vis-à-vis le Mont Circello, jadis le Mont *Circé*.
à Fondi	1 ½	11 ¾	2　30	
à Itri	1	7 ¼	1　45	
à GAËTA	1	4 ¼	1	
à Carigliano	1	8	50	
à S. Agata	1	9 ¼	1　18	La route de Terracina à NAPLES est une des plus belles de l'europe; elle fut faite sur la *voie Appienne*, qui lui sert de fondement, pour recevoir la présente Reine de NAPLES.
à Sparanesi	1	10	1　23	
à Capua	1	8 ¾	1　12	
à Aversa	1	12 ½	1　20	
à NAPLES	1	11 ½	1　45	
	18 ½	152 ¾	24　55	Air sain, terroir fertile & abondant en vin, en huile.

(*a*) Il n'y a qu'à Piperno ou Gaetta où l'on puisse coucher sur cette route; mais il vaut mieux voyager toute la nuit.

REMARQUES.

Entre la Faiola & Marino on paſſe au-deſſus du lac *Alba-no*, à préſent appellé lac Caſtello, de Caſtel Gandolfo qui eſt au bord du lac.

Aux environs de Fondi eſt la Grotte où Sejan ſauva la vie à Tibere, ſuivant Tacite.

Près de Carigliano on paſſe la riviere du même nom en bateau.

Près de S. Agata eſt *Seſſa*, jadis *Setia*, Capitale des Volſques.

A Capua l'on paſſe le Volturna ſur un pont. Les ruines de l'ancienne Capoue ſont à un mille de là.

NAPLES, ville riche & commerçante, & l'une des mieux ſituées du Monde. La rade de NAPLES a cent milles de circonférence, que l'œil ſaiſit dans un point de vue. L'iſle de Caprée, fameuſe par la retraite de Tibere, eſt vis-à-vis de cette ville. A droite eſt la côte de Poſilipo, & à gauche le Mont Véſuve. Je ne connois pas de perſpective plus étendue, plus variée, plus frapante que celle que l'on a de NAPLES & des environs du haut du mont Véſuve. Les rues en ſont fort belles & fort propres. On y compte environ 400,000 habitants; en ſorte qu'après Paris & Londres, c'eſt la ville la plus peuplée de l'Europe. Le palais royal eſt d'une architecture noble & magnifique; la rue Toledo eſt très-longue, large, droite, & les maiſons en ſont bien bâties. Au *Capo di Monte*

De ROME à NAPLES.	Postes.	Distance en milles anglois	Temps en route.	OBSERVATIONS LOCALES.
			h. min.	

REMARQUES.

eſt une ſuperbe collection de tableaux, une collection très-nombreuſe & très-belle de toutes les ſuites des médailles en or, en argent & en bronze, & un nombre prodigieux de camées & pierres gravées antiques de la plus grande beauté; il y en a un entre autres qui eſt peut-être le p us beau camée qui exiſte : c'eſt une onyx en forme de jatte, de 8 pouces de diametre, repréſentant d'un côté & en dedans l'apothéoſe d'Adrien, & de l'autre une tête de Méduſe, d'un travail admirable. Il y a pluſieurs vues de NAPLES qui ſont différentes, & ſont toutes fort intereſſantes. L'une eſt de la Lanterne; une autre du tombeau de Virgile, au-deſſus de la *Grotta de Cocceia*; & la troiſieme du Couvent des *Camaldoli* hors de la ville, d'où l'on découvre toutes les antiquités des environs de NAPLES. On voit dans la chapelle du Prince Saint Severin deux belles ſtatues modernes, l'une debout dans un filet, & l'autre repréſentant une perſonne morte, envelopée d'une draperie parfaitement bien exprimée. — Les environs de NAPLES ſont extrêmement curieux & ſatisfaiſants pour les amateurs de l'antiquité & de l'hiſtoire naturelle. Le Mont Véſuve, la Solfa Terra, la Grotta del Cane, les Bains de Néron, &c. ont de quoi intereſſer ceux-cy; Portici, pour ceux-là, offre une collection inépuiſable de tableaux, de ſtatues de marbre & de bronze, d'uſtenſiles, de vaſes, à l'uſage des Temples, des ſacrifices, des maiſons, en bronze, en argent, en terre, en verre, dont quelques-uns ſont d'une fineſſe de travail & de deſſein, qui ne peuvent être ſurpaſſés par aucune autre collection. Tout ce qui s'eſt trouvé à Herculaneum & à Pompeia, & tout ce qui s'y trouve encore, eſt dépoſé à Portici, près de laquelle ville, & ſous Reſina qui la joint, on voit les ruines d'Herculaneum. Plus loin, à 12 milles de NAPLES, eſt Pompeia, dont on voit les ruines à découvert. On ſe promene dans ces rues, on entre dans ces maiſons telles qu'elles ſubſiſtoient du temps des Romains, & c'eſt le ſeul modele que nous ayons d'une ville ancienne.

De ROME. à NAPLES.	Postes.	Distance en milles anglois	Temps en route.	OBSERVATIONS LOCALES.
			h. min.	

REMARQUES.

Puzzuolo a de très-beaux reftes d'antiquité. On voit auffi tout le terrein claffique décrit par Virgile; le lac Avernus, l'antre de la Sibylle, les champs élyfées, le cap de Mifene, l'Achéron, la grotte de la Sibylle de Cuma, d'où l'on voit au loin la *Torre de Patria* où eft le tombeau de Scipion avec ces mots : *Ingrata patria, neque offa mea habebis.* Du côté de Baye eft le fépulchre d'Agrippine, la *Pifcina mirabile,* &c.

De ROME à LORETTO.	Postes.	Distance en milles anglois.	Temps en route.		Observations LOCALES.
			h.	min.	
De Rome à Prima Porta	1	6	1		
à Malborghetto	¾	4½		40	
à CastelNuovo	¾	5	1		
à Rignano	1	6	1	15	
à *Civita Castellana*	1	7½	1	50	On entre dans l'*Umbria* à Otricoli.
à Borghetto		6		50	Pays fertile; de belles plaines, des mon-
à Otricoli	¾	6¼	1		tagnes ornées, des
à *Narni*	1	8¾	2		vallées riches.
à *Terni*	1	8¼	1	30	A 3 milles de Stret-
à Strettura	1	8	1	30	tura on commence à
à Spoletto	1	9¼	2	10	monter la Somma,
à le Vene	1	7½	1		qui est la plus haute
à *Foligno*	1	9	1	30	montagne des Apen-
à Casa Nuovo	1	9	1	50	nins de ce côté.
à *Serravale*	1	9½	2	10	A *Serravale* on
à Pont le Trave	1	7	1	15	quitte l'*Umbria*,
à Valcimara	1	7½	1	30	pour entrer dans la
à Tolentino	1	8	1	35	Marche d'Ancone,
à *Macerata*	1½	11	2		toujours à travers les
à Sambuchetto	1	6¼	1		Apennins.
à LORETTO	1	10¼	2	30	A Valcimara la
On peut coucher dans tous les endroits sur cette route qui sont en lettres italiques.	20½	160½	31	5	vallée s'élargit, les montagnes s'appla- niffent, & l'on entre dans la plaine.

Les meilleurs gîtes font *Narni*, *Foligno*, *Spoletto* *Macerata*. A la Poste. Cette dernière est hors de à vil.

REMARQUES.

Cette route de ROME à Bologne n'eſt pas auſſi bien entre-tenue que celle qui paſſe par Sienne & Florence ; mais le pays ici eſt plus beau ; les auberges ſont meilleures, & il y en a davantage où l'on peut s'arrêter. Il y a encore une autre route pour aller à Florence par Perugia & Arezzo.

A *Terni* on monte à cheval pour aller voir la caſcade *delle Marmore.*

Spoletto, ſituée partie ſur une colline, & partie ſur une plaine.

Macerata, joliment ſituée ſur le haut d'une colline.

LORETTO eſt ſituée ſur le haut d'une colline à deux lieues de la mer. L'égliſe de Notre-Dame eſt appellée *Santa Caſa*, & la chapelle de la *Madonna* (de laquelle on dit tant de merveilles) & dans une autre chapelle dont l'architecture eſt très-agréable. La *Madonna* eſt couverte de bijoux & de pierres précieuſes. On voit enſuite le thréſor qui eſt certaine-ment un des plus riches de l'Europe.

De LORETTO à BOLOGNA.	Postes.	Distance en milles anglois	Temps en route.		OBSERVATIONS LOCALES.
			h.	min.	
De LORETTO à Camerano	1	8	1	35	De LORETTO à ANCONA on a beaucoup à monter & à descendre.
à ANCONA	1	9 ½	1	45	
à Case Brugiate	1	9	1	50	
à Sinigaglia	1	7 ½	1	20	
à Marotta	1	6	1		
à *Fano*	1	7 ½	1	20	
à *Pesaro*	1	7	1	25	
à Catolica	1	10	2	5	Pays plat jusqu'à la montagne de *Pesaro* le long de la mer Adriatique.
à *Rimini*	1 ½	11 ¾	2	12	
à Savignano	1	9 ¾	1	40	
à Cesena	1	8 ¼	1	15	
à *Forli*	1 ½	11 ¾	2	5	
à Faenza	1	9 ½	1	30	
à Imola	1	9 ½	1	45	Entre Cesena & Savignano, à 3 milles de Cesena, on passe le *Rubicon* (à présent le Pisatello) large de 20 pieds, parce qu'on est près de sa source, au lieu qu'à Ravenne il est dans toute sa largeur.
à S. Nicolo	1 ¼	11	1	45	
à BOLOGNA	1 ¼	9 ¼	1	30	
On peut coucher dans tous les endroits de cette route qui sont en lettres italiques.	17 ½	145 ¼	26	2	

R E M A R Q U E S.

ANCONA, port de mer affez commerçant, dont la fituation eft fur le penchant d'une colline, & s'étend jufqu'au
bord de la mer. Il y a fur le môle un arc de Trajan en marbre
blanc très-bien confervé. Le port eft beau & commode.

Entre Sinigaglia & *Fano* on entre dans le Duché d'Urbino,
que l'on quitte à Catolica pour entrer dans la Romagne.

Près de *Pefaro* on voit fur le fommet d'une montagne la
petite République de *San Marino*.

Pour la defcription de BOLOGNA, voyez page 47.

De BOLOGNA à VENISE.	Postes.	Distance en milles anglois	Temps en route.		Observations locales.
			h.	min.	
DeBologna à San Giorgio	1½	9	1	45	
à *Cento*	1	8	1	30	Avant d'arriver à *Cento* on paſſe la riviere *Rheno* en bateau.
à San Carlo	1	7½	1	10	
à FERRARA(*a*)	1½	9	1	50	
à Rovigo	2	18	4	20	Pays plat, marécageux : mal cultivé.
à Monſelice	2	15	2	20	
à PADOUA(*b*)	1½	12	2		Après avoir quitté FERRARE, à 5 milles de cette ville, on paſſe le Pô, qui eſt
al Dono	1½	10	1	45	
à Fuſila	1½	9	1	20	
à VENEZIA(*c*)		5	1	15	
	13½	102½	19	15	

(*a*) Aux trois Maures.

(*b*) A l'Aigle d'or, bonne auberge.

(*c*) Chez Bons Dary, près le Rialto.

fort large, en bateau, & à 9 mille du Pô, à *Paſſo Roſetti*, on paſſe en bateau le *canal Bianco*. A 3 milles de Rovigo on paſſe l'Adis. Joli pays.

De PADOUE à VENISE on va preſque toujours le long de la *Brenta*. Terrein très fertile.

De Fuſina à VENISE on va en gondole pour 12 *livres*.

REMARQUES.

Cento eſt le lieu de la naiſſance de Guercino, & où l'on voit le plus de tableaux de lui.

FERRARE, belle ville ; il y a une place magnifique, & une bonne citadelle; --- un palais que l'on appelle le palais des Diamants, parce que les pierres de la façade en ſont taillées à facettes; c'eſt un très-beau bâtiment qui appartenoit autrefois à la maiſon d'Eſt, & eſt à préſent au Marquis Villa; --- Le palais du Marquis Pallavicini, autrefois Gouverneur de Milan. Arioſte, né & mort à FERRARE, a ſon tombeau aux Bénédictins.

PADOUE, grande ville mal peuplée. L'Univerſité eſt bâtie par Palladio. L'égliſe de ſaint Antoine, Patron de cette ville, eſt grande & belle. On fait voir ici une maiſon que l'on nomme la maiſon de Tite-Live, où il y a pluſieurs inſcriptions anciennes. --- Egliſe *Santa Juſtina*.

VENISE, l'une des plus belles villes du monde, & certainement la plus ſinguliere par ſa ſituation. On y compte 200,000 habitants. Elle eſt toute bâtie ſur pilotis au centre des Lagunes. Il s'y fait un commerce très-floriſſant. Les beautés principales de VENISE ſont la place ſaint Marc & tous les bâtiments qui l'environnent. La vue du haut de la tour eſt admirable. --- Les quartiers appellés le *Merceria* & le *Rialto*.

Les palais, d'une très-belle architecture, de pluſieurs Nobles, bâtis par Palladio, Scamozzi, &c. L'arſenal de terre, l'arſenal de mer, la corderie, les galeres, les 4 chevaux de bronze dorés, au-deſſus du portail ſaint Marc, qui furent donnés à Néron par Tiridate, tranſportés à Conſtantinople par Conſtantin, & apportés à Veniſe par les Vénitiens lorſqu'ils pillerent Conſtantinople. Il faut voir auſſi les égliſes de ſan Giorgio, le Zitelle, ſanta Maria della Carità, il Redemtore, toutes de Palladio. Il faut tâcher de ſe trouver à Veniſe à l'Aſcenſion pour y voir la cérémonie des épouſailles de la mer par le Doge.

De Venise à Milan.	Postes.	Distance en milles anglois	Temps en route.		Observations locales.
			h.	min.	
De Venise à Fusina		5	1		
al Dolo	1 ½	9	1	30	Pays plat.
à Padoua	1 ½	10	1	40	Le pays commence ici à devenir inégal. Il est très-agréable & très-fertile. Il produit d'excellent vin, & beaucoup de meuriers blancs.
à la Slesiga	1	8 ¾	1	40	
à Vicenza (a)	1	10 ½	2		
à Montibello	1 ½	10 ¾	1	30	
à Caldiero	1 ½	12	1	45	La Véronese est un des pays les plus fertiles d'Italie ; abondant en bleds, vin, fruits, huile, bétail, &c.
à Verona	1 ½	8 ¾	1	30	
à Castel Nuovo	1 ½	11 ¾	1	45	
à Peschiera à Desenzano	1 ½	4 ¼ 7 ¼	2	15	
à Ponte San Marco	1	6 ½	1	45	
à Brescia	1 ½	11	1	30	
à l'Hospidaletto	1	8	1	30	
à Palazzuolo	1 ½	10 ½	1	30	
à Cavagnago	1	6	1	5	
à Bergamo	1	8 ¼	1	20	Le Bergamasque est un pays très-peuplé & fertile. Les habitants y sont fort industrieux.
à Vaprio	1 ½	11 ¼	2		
à Columbarolo	1	10	1	5	
à Milano (b)	1 ½	10 ¾	1	30	
	23 ½	180 ¼	29	50	

(a) A l'auberge du *Chapeau*.

(b) A l'auberge des *deux Tours*.

REMARQUES.

VICENZA, ville très-agréablement fituée. Les environs font les plus riants que l'on puiffe imaginer. C'eft la patrie de *Palladio*, dont on voit ici plufieurs beaux ouvrages, entre autres la maifon-de-ville, le Théatre olympien fur le plan & les proportions de Vitruve, & le modele des anciens théatres. La rotunda, maifon du Comte *Capra*; celle du Comte *Chiericato*; le palais *Capitaniato*; le palais *Triffino*. On voit auffi le palazzo della Ragione; l'arc du champ de mars; le champ de mars, & *fanta Maria del Monte*, d'où l'on a une très-jolie vue de la campagne.

VERONE, joliment fituée fur l'*Adige* qui la traverfe. La maifon de-ville eft un bâtiment magnifique. Il y a plufieurs beaux reftes de l'antiquité, entre autres l'*amphithéatre* qui eft parfaitement confervé, & dont on fait encore ufage. Lorfque l'Empereur vint à Vérone en 1769, on le lui fit voir rempli, & l'on compte qu'il y avoit 22,000 ames. A S. *Celfo* eft un portrait de la Famille fainte par Raphael. L'églife *fan Giorgio*. — A *fan Bernardino* on voit la chapelle de la famille Pellegrini par *Michiel San Michieli*, qui eft un des plus beaux morceaux d'architecture en Italie. Cet Architecte étoit égal à Palladio, & cependant eft à peine connu. Il a auffi imité à Vérone le *pilaftrone* du temple de Mars près les bains de Caracalla, aux environs de Rome. M. Adam, habile Architecte Anglois, a tiré des deffeins de la chapelle des Pellegrini. — Il y a encore d'autres ouvrages d'architecture à Vérone par Michiel San Michieli.

BRESCIA eft grande & bien peuplée, avec une bonne citadelle; mais il n'y a rien de remarquable. Elle eft fituée dans une plaine agréable fur le Garza.

MILAN eft la plus grande ville d'Italie après Rome, mais n'eft pas autant peuplée que Naples; on y compte environ 160,000 habitants. La cathédrale, d'un goût gothique, n'eft pas encore achevée, quoiqu'il y ait plus de trois fiécles qu'elle foit commencée. Les ornements en font parfaitement bien

De VENISE à MILAN.	Poftes.	Diftance en milles anglois	Temps en route.	OBSERVATIONS LOCALES.
			h. min.	

finis.

REMARQUES.

finis. Du haut des tours on découvre une vue extrêmement étendue de la belle & immense plaine de la Lombardie & des Alpes. Il y a une belle bibliothéque publique, appellée *Ambroifienne*. A *fanta Maria de le Grazie* fe voit le beau tableau de la *Cene* par *Leonardo di Vinci*. Une partie des ruines du Temple d'*Hercule*, bâti l'an 286 par *Maximilien*, forme le portique de l'églife faint Laurent, *Porta Ticinefe*. A 4 milles de MILAN eft l'*écho Simoneta* qui répéte jufqu'à 40 fois.

F

De MILAN à TURIN.	Postes.	Distance en milles anglois	Temps en route.	OBSERVATIONS LOCALES.
			h min.	On passe en bateau le Tésin, qui est quelquefois fort enflé & difficile à passer.
De MILAN à San Pietro l'Olmo	1	9	1 25	
à Buffalora	1	9	1 25	
à NOVARA	1	10	2 15	
à VERCELLI (a)	1 ½	13	2 15	
à S. Germano	1	9	1 20	Toute cette partie de la Lombardie est une plaine très-riche & très-fertile.
à Cigliano	1 ½	14	2	
à Chivasco	1 ½	13	2	
à Settimo	1	8	1 15	
à TURIN (b)	1	8	1 15	
	10 ½	93	15 10	

(a) Aux trois Rois.
(b) A l'Auberge Royale.

De MILAN aux isles Boromées & au lac Como.				On n'a point de poste pour cette route, & l'on se sert de chevaux de voiture de MILAN.
De MILAN à Seronno		14	3	
à Tradate		8	1 45	
à Varese		9	2	
à Laveno		14	3 30	
à l'Isola Bella		5	1 15	
à l'Isola Madre		1	15	
à Laveno		5	1	
à Varese		14	3	
à Como		15	5 30	
à Milan		25	7	
		120	28 15	

REMARQUES.

Turin, l'une des plus jolies ville de l'Europe, bien bâtie, les rues font très-bien percées. La rue du Pô, tirée au cordeau, avec des portiques, a 400 toifes de longueur. On y compte 80,000 ames. Cette ville eft aux pieds des Alpes, dans une plaine charmante arrofée par le Pô. La citadelle eft la mieux fortifiée de l'Europe; les fortifications de la ville font très-régulieres & très-fortes; les mines & les fouterrains font fort avancés dans la campagne. Turin a 3 milles de tour fur le rempart. Le palais & les bâtiments qui le joignent font d'une architecture fimple & noble. La galerie du palais contient un choix de tableaux des plus grands Maîtres, qui ne le cede à aucune collection. Cette ville, qui eft plate, eft entretenue dans une grande propreté par le moyen des eaux qu'on y fait couler quand on veut la nettoyer. L'Univerfité, la bibliothéque, font ce qu'il y a de plus remarquable; & aux environs, la Vénerie, Montcallier, Stupinigi, la Superga la Vigne-la-Reine, les Capucins.

Les Isles Boromées, à 50 milles de MILAN, méritent bien qu'on aille les voir. Elles font fituées dans le lac Majeur, & font d'un agrément qui peut aider à comprendre tout ce que les Poëtes chantent des ifles de Calypfo & d'Armide. L'Ifola Madre eft la plus grande & la plus champêtre; le Comte Charles Boromée y faifoit fa réfidence en 1769. L'Ifola Bella eft petite, mais très-ornée. L'abord à cette ifle du côté des terraffes, fait un effet merveilleux.

Le lac Como eft le plus agréable de tous ceux qui font aux pieds des Alpes en Lombardie. A environ 16 milles de la ville de COMO fur ce lac, eft la fontaine, dont Pline dit qu'elle a un flux & reflux comme la mer.

De TURIN à GENÈVE.	Poſtes.	Diſtance en milles anglois	Temps en route.		OBSERVATIONS LOCALES.
			_b._	_min._	
De TURIN (_a_) à Rivoli	1 ½	9	4	30	On trouve un beau chemin plat juſqu'à Suze ; mais on quitte la plaine à Rivoli, & la vallée va toujours ſe rétréciſſant.
à _S. Ambroiſe_	1	7 ½			
à Zaconiere	1	16	4	30	
à _Suze_	1 ½				
à la Novaleze	1	6	2		On commence à monter en Porteurs à la Novaleze.
Mont Cenis. à la grand-Croix		5	2	15	L'Hôpital eſt au ſommet du Mont Cenis : on s'arrête près de là à un cabaret pour repoſer les Porteurs & manger un morceau.
à l'Hôpital	1 ½	1 ½			
à la Taverne		1. ½	1	30	
à Lannebourg	1	5		30	A Lannebourg on reprend ſa chaiſe ſi les neiges le permettent.
à Bramant	1 ½	7 ½	2	30	
à Villarodin	1	5	1	15	
à _Modane_ à S. André	1	4 ½	1	10	Lorſque la montagne eſt couverte de neige on deſcend ſur un traineau en 10 ou 12 minutes à Lannebourg; c'eſt ce que l'on appelle ramaſſer
à S. Michel	1 ½	12	2	50	
à _S. Jean de Maurienne_	1 ½	8	2	10	_S. Jean de Maurienne_ eſt la plus grande ville de cette route après Chambery.
à la Chambre	1	8	2		
à Eſpierres	1	8	2		

(_a_) A l'Auberge Royale. A l'Hôtel d'Angleterre.

REMARQUES.

De Turin à Geneve.	Postes.	Distance en milles anglois	Temps en route.		Observations Locales.
			h.	min.	
à *Aiguebelle*	1	7	1	50	A *Aiguebelle* les Alpes commencent à baisser.
à Mal-Ta-verne	1	16	4		
à Mont-mélian	1				
à Chambery	1 ½	7 ½	2	30	Chambery est agréablement situé, mais n'est pas bien bâti, & n'a rien de remarquable.
à Aix-les-Bains	1	6 ½	1	55	
à Remilly	1 ½	11	3		
à Frangy	2	14	4		
à Geneve (*a*)	2 ¼	15	5		
(*a*) Aux balances, très-bonne auberge.	28 ½	181 ½	51	25	

De Chambery à Lyon.

	Postes.	Distance en milles anglois			Observations Locales.
De Chambery à S. Jean-des-Coups	1	6			
aux Echelles	1	6			Aux Echelles on sort des Alpes. Près des Echelles est le fameux chemin appellé de *la Grotte*, fait le Roi *Victor* : on y voit une fort belle inscription sur cette entreprise.
au Pont-Beau-voisin	1 ½	7 ½			
au Gas	1	6			
à la Tour-du-Pin	1	6			
à la Vachere	1	6			
à Bourgoin	1	6			
à S. Laurent	1 ½	7 ½			
à Bron	1	6			
à Lyon	1	6			
	11	163			

REMARQUES.

GENEVE, très-bien située sur le bord du lac de ce nom, dont elle embrasse une des extrêmités, est bâtie sur plusieurs hauteurs; ce qui la rend très-inégale. Les environs en sont charmants. Elle est assez bien fortifiée, en partie par M. de la Roque; mais elle est commandée par une hauteur voisine. Elle contient 25 à 30 mille ames.

Pont-Beauvoisin est la premiere ville de France : le chemin de là à Lyon est fort uni, & il y a peu à monter & à descendre.

De GENEVE à SCHAFFHAUSEN.	Postes.	Distance en milles anglois	Temps en route.		OBSERVATIONS LOCALES.
			h.	min.	
De GENEVE) à Verfois)	Il n'y a point de poftes établies en Suiffe.	5	1		On voyage ici fur les bords du lac de GENEVE.
à Coppet		3		40	
à Nyon		5	1		
à ROLL (a)		7 ½	1	30	C'eft ici le pays
à Morges		9	2		appellé *la Côte*, très-fertile en tout.
à LAUSANNE		8	2		
à *Moudon*	On prend des chevaux à Bafle pour Mumpf, où eft la pofte.	14	4	30	, De *Moudon* à *Payern* on paffe le Mont Jura fans quitter fa chaife.
à *Payern*		11 ½	3	15	
à Avanches		6	1	30	
à *Morat*		5	1	15	
à BERNE (b)		17	4	20	Entre *Morat* & BERNE on dine à *Gumen*, à 3 lieues de BERNE.
à *Soleure* (c)		20	4	50	
à Lanbrugh		21	5	20	
à BASLE (d)		20	5		
à Rheinfeld		12 ½	2	10	Avant d'arriver à *Soleure* on monte une haute montagne.
à Numpf		8	1	30	
à Lawenburg	1	9	1	35	
à Lauchingen (e)	1 ½	19	3	40	Les chemins font mauvais, & les poftillons vous font attendre trois quarts
àSCHAFFHHAU-SEN	1 ½	20	4	20	
(a) A la Tête noire, bonne auberge.	4	220 ½	51	25	d'heure avant de vous donner des chevaux.
(b) Il y a deux bonnes auberges, le faucon & la Couronne.					Tout ce pays eft coupé de bois & de collines.
(c) La Tour rouge.					
(d) Aux Trois Rois, excellente auberge.					
(e) Très-mauvaife auberge.					

REMARQUES.

Verſois eſt un établiſſement que la France avoit deſſein
de faire pour y attirer le commerce de GENEVE; mais en
1770 il n'y avoit pas une rue de finie.

Depuis GENEVE juſqu'à BASLE on trouve de beaux che-
mins, de bonnes auberges; des gens qui ont l'air content;
pas une perſonne en guenille; pas une maiſon délabrée.

LAUSANNE eſt la Capitale du pays de Vaud. Les édifices
publics y ſont aſſez beaux. Elle eſt à demi-lieue du lac de
Geneve.

BERNE, bien bâtie, propre, bien pavée, fortifiée : les
rues ont des arcades.

BASLE eſt ſitué dans un terrein fertile & agréable ſur le
Rhin. Elle eſt commerçante, riche & bien peuplée.

Pour arriver à *Lauchingen* on paſſe la riviere Watta à gué,
n'y ayant ni pont ni bateau. Nous y paſſâmes dans une nuit
fort obſcure, au hazard de périr, pour avoir ignoré, le
matin en partant, cette circonſtance.

Un mille avant d'arriver à SCHAFFHAUSE on prend à droite
pour aller voir la fameuſe caſcade formée par la chûte du
Rhin, qui eſt la plus conſidérable en Europe.

SCHAFFHAUSE eſt une belle & forte ville de la Suiſſe. Il y
a deux beaux temples, une horloge curieuſe, & un beau
pont ſur le Rhin.

De Schaffhaus à MUNICH.	Postes.	Distance en milles anglois	Temps en route.		Observations Locales.
			h.	min.	
De Schaff-hausen à Singen	1	12	4		
à Stockach	1	12	4	5	A Stockach on entre dans la grande route
à Meskirch	1	15	3		
à Mengen	1	14	3		
à Riedlingen	1	15	2	30	Pays de bled & de bierre : on n'y recueille point de vin, que l'on fait venir de la Suisse par le Rhin.
à Ebingen (a)	1 ½	19	3	45	
à ULM (b)	1 ½	17	4	20	
à Guntzburg	1 ½	19	3	15	
à Zusmarhau-sen	1 ½	22	4	50	
à AUGSBOURG (c)	1 ½	23	5		Plaines fertiles, gras pâturages, forêts bien fournies de gibier.
à Eversberg	1 ¼	10	2		
à Schwabhau-sen	1 ½	15	3		Les chemins sont assez beaux entre AUGSBOURG & MUNICH.
à MUNICH	1 ½	17	3	10	
	16 ¾	212	45	53	

(a) Bonne auberge.
(b) Au Griffon d'or.
(c) Au Cheval blanc.

REMARQUES.

ULM, ville impériale, riche & bien peuplée. La maison-de-ville est un beau bâtiment. — L'église de Notre-Dame est très-grande & bien bâtie. Elle est située sur le Danube.

AUGSBOURG, belle & fameuse ville, environnée de belles plaines. Elle est très-bien policée. L'hôtel-de-ville est magnifique, la façade sur-tout. Au second étage est une sale fort spacieuse, dont le plafond n'est ni voûté, ni soûtenu de piliers. Les habitants sont moitié Luthériens & moitié Catholiques Romains. C'est la patrie du célèbre Brucker que j'y ai vu en 1770.

MUNICH, ville grande & bien bâtie : le palais de l'Electeur est magnifique, ainsi que le théatre de la Cour qui est ouvert gratis pour la Noblesse & les Etrangers. Les rues sont belles, Cette ville est située sur l'Iser.

De MUNICH à VIENNE.	Postes.	Distance en milles anglois.	Temps en route.	OBSERVATIONS LOCALES.
De MUNICH à Anzing	1 ½	16	2 40	
à Haag	1 ½	18	3 20	Pays affez fertile
à Hampfing	1 ½	16	2 45	& bien cultivé, &
à Altenoeting	1 ½	15	2 30	cependant pauvre,
à Markel	1 ¼	16	3 15	faute de commerce.
à BRAUNAU	1	13	2 30	
à Altheim	1	13	2 20	
à Ried	1 ½	18	3	
à Unterhaag	1	11	1 45	A *Unterhaag* on
à Lambach	1 ½	16	3 15	entre dans les États
à *Vels*	1	10	1 40	de la Maifon d'Au-
à LINTZ	2	21	2 55	triche, où l'on trou-
à Ens	1 ½	15	2 20	ve de très-beaux
à Strenberg	1	13	1 50	chemins, & où les
à Amftotten	1 ½	15	2 10	poftes font mieux
à Kemmelpach	1	1	1 40	fervies.
à Moelch	1 ½	13	2	
à Poelten	1 ½	16	2 40	
à *Perfchling*	1	10 ½	1 35	
à Sieghartskir- chen	1	12	1 25	
à Burkersdorf	1	9	1 25	
à VIENNE (*a*)	1	9	1 30	
(*a*) Les auber- ges font fort mauvaifes à Vienne : il faut tâcher de fe pourvoir d'un appartement gar- ni quand on doit y refter quelque temps.	28 ½	305 ½	50 30	

REMARQUES.

BRAUNAU est une ville très bien fortifiée sur le bord de l'Inn.

LINTZ est une assez belle ville, Capitale de la haute Autriche. Il y a quelques beaux édifices, beaucoup de Noblesse, & un commerce intérieur confidérable. — Elle est située sur le Danube.

MOELCH est un couvent superbe de Bénédictins; la façade du bâtiment a plus de 80 fénêtres.

VIENNE, située au confluent du Danube & de la Vienne, belle & bien fortifiée. La ville n'a que trois milles de tour; mais avec les fauxbourgs elle fait un tour confidérable, & contient 210 mille ames. Les plus beaux édifices publics font le Palais, la cathédrale de faint Etienne, & le clocher; le vase de la bibliothéque, & l'arsenal qui peut fournir des armes à 100,000 hommes, & trois remontes d'artillerie, fans compter d'autres arfenaux dans les Etats de la Maison d'Autriche. Les curiofités font la galerie impériale des tableaux, le thréfor, les pierres gravées, les diamants, les beaux tableaux du Correge dans le thréfor; le cabinet des médailles antiques & modernes, & le recueil de toutes les

De MUNICH à VIENNE.	Postes.	Distance en milles anglois	Temps en route.	OBSERVATIONS LOCALES.
			h. min.	

REMARQUES.

monnoies du Monde; le cabinet d'hiftoire naturelle; --- le cabinet & la bibliothéque des Jéfuites; ---- le cabinet de médailles de feu M. France; --- le cabinet, les tableaux, la maifon du Prince Lichtenftein; le manege à double galerie, d'ordre compofé. Camée d'Alexandre par *Pyrgoteles*, donné par l'Electeur de Mayence à fon neveu le Comte de Schoenburn. Le *Prater*, promenade. Les jardins de Schoenbrun.

La plus belle fête que j'aie jamais vue, étoit celle que l'Impératrice donna à Vienne au temps de la réunion de toute fa famille. Le Grand Duc étoit venu la voir; le Prince Charles recevoit l'Archiduc Maximilien Coadjuteur de l'Ordre Teutonique. L'Impératrice donna un bal mafqué public au Belveder, maifon du Prince Eugene, à laquelle on avoit ajoûté une galerie de 400 pieds, éclairée de 7,200 bougies. La façade du dehors de cette galerie étoit illuminée par 230,000 lampions. Il y avoit 18,000 bougies dans l'intérieur du palais. La compagnie étoit au nombre de 7,000 perfonnes. Tout s'y paffa fans le moindre défordre. Il y avoit un fouper ordonné pour 10,000 perfonnes. Médecins, Chirurgiens, Sages-femmes, lits tout prêts en cas d'accidents.

Je ne puis quitter VIENNE fans dire que c'eft une des Cours de l'Europe où la fociété y eft fur le meilleur pied; la Cour y eft très-affable, la Nobleffe, les Dames fur-tout y font l'accueil le plus civil aux Etrangers. Les Miniftres y tiennent un très-grand état de maifon, & font au mieux les honneurs du pays.

De VIENNE à PRESBOURG.	Poftes.	Diftan-ce en milles anglois	Temps en route.		OBSERVATIONS LOCALES.
			b.	min.	
De VIENNE) à Fifchment)	2	15	2	15	
à Teufch - Al- tenburg	1 ½	14	2		PRESBOURG eft fur
à PRESBOURG	1	12	1	50	le Danube dans un
	4 ½	41	6	5	pays abondant en vin & en bétail.
De VIENNE à ESTERHAZ.					
De VIENNE) à Hochau)	1	13	1	45	
à Windtpaffing	1	13	1	20	
à Hoeffling	1	10	1	5	
à Edinburg	1	12	1	30	
à Shuttern ou Szeplack ou Efterhaz	1 ½	12	2		
	5 ½	60	7	40	
On revient d'Es-TERHAZ par une autre route, en allant					
D'Efterhaz) à Edinburg)	1 ½	12	2		
à Eifenftatt	1	9	1	30	Eifenftatt appar-
à Windtpaffing	1 ½	12		57	tient au Prince Efter-
à Hochau	1	13	1	25	hazi, qui y tient gar-
à VIENNE	1	13	1	50	nifon.
	6	59	7	42	

REMARQUES.

REMARQUES.

PRESBOURG, Capitale de la haute Hongrie fur le Danube, avec un très-beau château dans une fituation fort élevée, qui fert de réfidence à l'Archiducheffe Marie-Chriftine & à fon mari le Prince Albert de Saxe, Duc de Tefchen, qui y tiennent une Cour brillante & nombreufe. Le Danube eft très-large & très rapide vis-à-vis de cette ville; on le paffe fur un beau pont de bateaux en été; mais quand l'hiver approche, on retire le pont, & l'on fait ufage d'un pont volant (compofé de deux bateaux fort larges joints enfemble), lequel glife le long d'une cordre tendue dans la largeur du Danube, & forme un pont très-fûr.

Efterhaz eft la maifon de plaifance du Prince Efterhazi, l'un des plus grands Seigneurs de l'Europe, qui ne font pas Souverains. Il a un camp de deux cent hommes devant fon château, une Troupe de Comédiens Allemands, un Opéra Italien, une Bande de Mufique toujours à fes gages. Il donna un bal & un fouper à l'Impératrice à Kitfée près de Presbourg le 22 Juillet 1770, où cinquante de fes Gardes fervoient en uniformes brodés, magnifiques. Le château d'*Efterhaz* ou de *Szeplack* eft fuperbe, & les jardins ou promenades dans le bois, font extrêmement agréables.

G

De VIENNE à PRAGUE.	Postes.	Distance en milles anglois	Temps en route.		OBSERVATIONS LOCALES.
			_h._	_min._	
De VIENNE à Enzersdorf	1	8	1	15	La route de VIEN- NE à PRAGUE est fort
à Stockerau	1	10	1	40	belle, comme le font
à Malborn	1	8	1		tous les chemins des
à Holabrunn	1	10	1	30	Etats de la Maison
à _Iczelzdorf_	1	10	2	15	d'Autriche.
à Znaym	1	10	2	40	La partie de la Mo-
à Freynersdorf	1	10	2		ravie & de la Bo-
à Budwitz	1	10	1	50	heme, que l'on tra-
à Schlettau	1	12	2		verse ici , offre un
à _Stannern_	1	12	2	45	pays bien cultivé;
à _Iglaw_	1	10	1	40	de petites collines,
à Teutschbrod	1 ½	15	2	15	des vallons fertiles,
à Steinsdorf	1	8	1	5	des bois, des terres
à Ienichau	1	9	1	20	labourées.
à Czaslau	1	10	1	30	Les villes sont bien
à _Kolin_	1	12	2	30	bâties , sur - tout
à Planian	1	9	1	25	_Iglaw_, & paroissent
à Bœmisch- brod	1	9	1	25	fort peuplées. On cultive beau-
à Biegowitz	1	10	1	40	coup de lin en Mo-
à PRAGUE	1	11	2		ravie; ce qui donne
	20 ½	203	35	45	un joli coup d'œil à la campagne lors- qu'il est en fleur.

REMARQUES.

La Moravie a titre de Marquisat, & est annexé à la Bohême. Ces deux contrées sont très-fertiles & très-bien cultivées. Il y croit du bled, du houblon dont on fait d'excellente biere, sur-tout en Bohême. Ce Royaume produit aussi du safran; il s'y trouve des mines d'argent, d'étain & de plomb; des diamants, & quelques pierres précieuses très-dures & très-estimées, tel que le grenat qui est plus dur que le grenat syrien.

La Langue Esclavone se parle en Moravie, en Bohême; elle a un mélange d'Allemand.

Le gibier est tellement abondant en Bohême, que dans une chasse que fit l'Empereur François I sur une des terres du Prince Colloredo en 1753, vingt-trois Chasseurs en dix-huit jours tuerent 47950 piéces de gibier, dont 18243 liévres, 19545 perdrix, 9499 faisans, &c. Il y eut 116,209 coups de tirés.

A Kolin s'est donné la bataille par laquelle le Maréchal Daun délivra Prague, & obligea le Roi de Prusse à se retirer.

PRAGUE, belle & grande ville. Il y a beaucoup d'édifices magnifiques, entr'autres le palais des Rois, la maison-de-ville, les hôtels Lobkowitz, Tschernin, &c. Ce dernier a un peu de l'apparence du palais du Roi de Naples. L'Université, fondée en 1347, est très-célebre; il y a 6,000 Étudiants; on y en comptoit 30,000 dans le seizieme siécle. Le Collége des Jésuites est très-beau. Le pont est un des plus beaux du monde, il a 1700 pieds de long, & 24 arches, sur la Mulde ou Moldau, qui se jette dans l'Elbe. La vieille ville est sur une montagne, & la ville neuve est dans la plaine. Cette derniere a beaucoup souffert par le siége que le Roi de Prusse mit devant Prague en 1744. Environ 120,000 ames.

De Prague à Leipsig.	Postes.	Distance en milles anglois.	Temps en route.		Observations Locales.
			h.	min.	Cette partie de la Bohême est moins riante que de l'autre côté de Prague ; elle est aussi moins peuplée ; on y voit peu de villages & peu de bois.
De Prague à Tursko	1	10	2		
à Weilbern	1	10	2	45	
à Budin	1 ½	14	3	20	
à Lowositz	1	12	3		Mauvais chemins sur cette route de Lowositz à Aussig. On est fort cahoté sur un très-mauvais chemin sur le côté d'une montagne, ayant l'Elbe à droite.
à Aussig (a)	1 ½	16	4	20	
à Peterswald	1	10	3	30	D'Aussig à Peterswald on passe une haute montagne, & jusqu'à Dresde on ne va guères que le pas.
à Zehist	1	10	3	30	
à Dresde (b)	2	14	3	15	
à Meissen	1 ½	16	4	15	
à Stauchits (c)	1 ¼	15	5		À Stauchits, mauvais chemins : pays de bled.
à Wermsdorf	1 ¼	14	3	25	
à Wurzen	1	10	2	30	À un mille de Wurzen on passe la Moldaw en bateau.
à Leipsig	1 ½	15	3	50	Aux environs de Leipsig le pays est plat & bien cultivé.
(a) Bonne auberge. (b) A l'Hôtel de Pologne, excellente auberge. (c) Assez bonne auberge.	15 ½	166	44	40	

REMARQUES.

DRESDE, belle & grande ville, Capitale de l'Electorat de SAXE, fur l'*Elbe* qui la divife en deux villes. Il y a un pont de 1920 pieds de long, beaucoup d'édifices magnifiques, entre autres le palais de l'Electeur, — le *Zwinger*, — le palais Indien, — celui du Comte Bruhl. On voit entre autres chofes remarquables le thréfor, la bibliothéque, le cabinet d'hiftoire naturelle, & fur tout la galerie des tableaux, l'une des plus belles collections en Europe. Au *Gros Garten*, à un mille de la ville, eft la galerie des ftatues, où fe trouvent de très-beaux fragments, entr'autres un de Lyfippe. On voyoit encore en 1771 des traces du ravage qu'avoit caufé le fiége de 1756 par le Roi de Pruffe à cette ville. 130,000 ames.

MEISSEN, bien fitué dans un pays agréable rempli de vignobles. C'eft ici que fe fabrique à préfent la belle porcelaine de Saxe. Il y a plus de 700 ouvriers, quoique le Roi de Pruffe ait fait tranfporter les meilleurs à Berlin lorfqu'il étoit maître de l'Electorat.

LEIPSIG, riche & grande ville, avec une Univerfité célebre fondée en 1409. C'eft la patrie du célebre *Liebnitz*. Il s'y fait un grand commerce, & s'y tient des foires célebres. Elle fe gouverne par fes propres loix, mais dépend de l'Electeur de Saxe. L'églife de faint Nicolas eft fort belle. Elle eft dans une plaine entre la Saale & la Moldaw, au confluent de plufieurs petites rivieres. Vers la faint Michel il s'y vend pour plus de 80,000 livres d'alouettes. On voit une quantité prodigieufe de roffignols au bois de Rofendhall, près de cette ville. On compte environ 130,000 ames.

G 3

De Leipsig à Berlin.	Postes.	Distance en milles anglois	Temps en route.		Observations locales.
			h.	min.	
De Leipsig à Duben à *Wittenberg* (a)	2	22	5	40	On passe l'Elbe en bateau près de *Wittenberg*.
à *Wittenberg* (a)	2	24	5	15	
à Treuenbriezen	2	24	6		Pays plat, beaucoup de bois & de sables.
à Beelitz	I	12	2	45	
à Potzdam (b)	I	12	2	50	
à Berlin	2	20	3	30	Chemins pesants & sablonneux.
	10	114	26		

(a) Bonne auberge.
(b) Belles auberges, mais mauvaises.

REMARQUES.

WITTENBERG eſt une petite ville, mais qui eſt devenue fameuſe par le ſéjour de *Luther* & de *Melanhthon*. Ce fut là où Luther commença la Réformation. On voit ſon tombeau dans l'égliſe du château, ſous un des carreaux de marbre. On y voit auſſi celui de Melanchthon.

POTZDAM, ville où réſide le Roi de Pruſſe la plus grande partie de l'année : le feu Roi, & ſur-tout celui-cy, y ont élévé des bâtiments magnifiques. Parmi les plus remarquables, ſont le château royal, l'égliſe de la Garniſon, le fameux château de Sans-Souci, où le préſent Roi a déployé la plus grande magnificence, & a fait une ſuperbe collection de tableaux. Le nouveau château à 5 milles de POTZDAM. L'égliſe Françoiſe eſt imitée du *Panthéon*. Le Roi s'eſt plu à imiter quelques-uns des monuments célebres de l'antiquité à Rome, comme le *Coylſée*, la Baſilique d'Antonin, &c. La porte de Brandebourg eſt d'une fort belle architecture. Il y a auſſi une imitation du *Banquetting Houſe* de *Whitehall*.

BERLIN, grande, belle & forte ville ſur la Sprée qui tombe dans l'Elbe. Le palais eſt magnifique, la façade en eſt d'une belle architecture. Il y a une belle bibliothéque, un riche cabinet de raretés & de médailles, une Académie des Sciences, & un Obſervatoire; une ſale d'opéra bien bâtie : l'arſenal eſt un très-beau bâtiment quarré. Le palais du Prince Henri & l'égliſe catholique, ſemblables au Panthéon ; la belle ſtatue de bronze du grand Electeur, par *Schluter*, les rues *Unterkinden*, *Fréderic-Straſſe*, ſont longues, droites & belles. La manufacture de porcelaine de BERLIN eſt plus belle que celle de DRESDE.

De BERLIN à BRUNSWICH & HANNOVER.	Postes.	Distance en milles anglois	Temps en route.		OBSERVATIONS LOCALES.
			b.	min.	
De BERLIN) à POTZDAM)	2	20	4		Le chemin de BERLIN à Helmſtadt par POTZDAM, eſt dans
à Groſſen-Creutz	1 ½	13	5	30	une vaſte plaine très-mal cultivée, dont
à BRANDE-BOURG	1	10	3		les chemins ne ſont pas faits ou le ſont
à Ziezar	1 ½	18	5		mal, & doivent être
à Hohenzias	1 ½	15	3	30	preſque impractica-bles en hiver. Il y a
à MAGDE-BOURG (a)	2	21	7		peu de commerce,
à Arxleben	2	20	12		& le peuple y eſt
à Helmſtadt	1	10	4		fort pauvre.
à BRUNSWICH	2 ½	25	7		Avant d'arriver à
à Peine	1 ½	15	2	45	MAGDEBOURG, on
à Seinde	1	12	3		paſſe l'Elbe ſur qua-
à HANNOVER (b)	1	14	3	30	tre ou cinq ponts. Extrêmement mau-
	18 ½	193	60	15	vais chemins, ſur-tout en hiver.

(a) Au Roi de Pruſſe, bonne auberge.
(b) A la ville de Londres, bon-ne auberge.

On vient de MA-GDEBOURG à Helm-ſtadt avec les mêmes chevaux, très-mal.

De Helmſtadt à BRUNSWICH les che-mins ſont aſſez bons. La campagne jolie, bien cultivée.

REMARQUES.

BRUNSWICH, grande ville mal bâtie. Les rues font affez larges. Le château ducal eft un ancien bâtiment gothique fort grand, & affez beau dans l'intérieur. Belle place de la Parade. Beau palais du *Prince Ferdinand.*— Cabinet de curiofités naturelles, foffiles, &c. où eft un vafe antique d'une onyx fuperbe, travaillé en *camée*, appellé vafe de *Mantoue*: on en a une eftampe.

HANNOVER, belle & forte ville dans une plaine agréable fur la Leyne qui la divife en deux parties. Elle eft propre, bien pavée, & contient environ 30,000 ames. On y voit d'affez beaux édifices, entre autres le palais, le théatre, la maifon du Général Walmoden.—La bibliothéque contient environ 50,000 volumes. Elle poffede une quantité prodigieufe de manufcrits du célebre *Leibnitz*, qui n'ont point encore été publiés. Ce que j'y ai vu formeroit trois où quatre volumes in folio. Aux environs font les belles maifons de plaifance de *Herrenhaufen* & *Montbrillant*.

De HANNOVER à COLOGNE.	Poftes.	Diftance en milles anglois	Temps en route.		OBSERVATIONS LOCALES.
			b.	min.	
De HANNO-VER à Hagenburg	$1\frac{1}{2}$	19	4	40	En fortant de Leefe on paffe le Wefer en bateau vis - à - vis Stolzenaw.
à Leefe	1	12	3		
					Beaux chemins jufqu'à *Diepenaw*.
à *Diepenaw* (a)	2	20	5		Landes, bois, terres labourées.
à Boomte	2	22	5	30	Pays cultivé, bons chemins.
à OSNABRUCK (b)	$1\frac{1}{2}$	15	3	15	Landes & bois.
à Lengerick	1	10	3		
à MUNSTER (c)	2	20	6	25	Bonne route, quoique fablonneufe.
à Dulmen	2	20	4	50	La campagne eft affez bien cultivée ici.
à *Dorften* (d)	$1\frac{1}{2}$	15	6	10	
à Duysburg	2	21	6	50	Près de Duysbourg eft le lieu où *Varus* & fes Légions périrent par les armes d'Arminius.
à DUSSELDORF	$1\frac{1}{2}$	16	5		
à Dormagen	1	12	3		
à COLOGNE	1	11	3		
(a) Mauvaife auberge, & la feule. (b) Au Kaifer, bonne auberge. (c) A la Couronne, bonne auberge. (d) A la pofte, bonne auberge.	20	213	59	40	

REMARQUES.

Osnabruck, mal bâti, mais joliment situé.—— Environ 10 à 12 mille ames.

Munster, ville riche, forte, contient environ 20,000 ames. Belle maison du Baron *Vorbelm*.

Dusseldorf, ville forte sur le Duffel au confluent du Rhin, très-joliment bâtie, appartient à l'Electeur Palatin, & contient environ 20,000 ames. La galerie des tableaux est une des plus belles collections qu'il y ait en Europe.

Cologne, grande, belle, riche & célebre ville d'Allemagne, Capitale de l'Electorat de ce nom, fondée par Agrippine, appellée la Rome Allemande, peut-être à cause du grand nombre de ses églises; car ce ne peut certainement pas être pour sa beauté. A la cathédrale de saint Pierre est le tombeau supposé des trois Rois dont on fait voir les Crânes: quoi qu'il en soit, ce tombeau est un des plus beaux ouvrages en or & en argent qui existe. Il est haut de 9 pieds; sa partie supérieure est en or, & l'inférieure en argent. Il est garni de pierres précieuses, de camées & pierres gravées en creux antiques, dont quelques-unes sont fort belles.

De COLOGNE à UTRECHT.	Postes.	Distance en milles anglois	Temps en route		Observations locales.
			b.	min.	Pays fertiles en grains & en vins, dont il se fait un grand commerce.
De COLOGNE à Berchem	1 ½	15	2	50	
à JULIERS	1	10	2		
à AIX-LA CHA-PELLE (a)	1 ½	15	3		Très mauvais chemins aux environs d'AIX-LA-CHAPELLE
à Foron	1 ¾	18	4	5	
à LIEGE	2	17	2	40	
à Oreye	1 ¾	10	2	10	
à St. Trond	1 ¾	10	2	10	Très-beaux chemins pavés, avec des allées d'arbres.
à Tirlemond	2	12	1	50	
à Louvain	2	10	1	45	
à Malines	2	12	2	20	Pays plat, riche & bien cultivé.
à ANVERS (b)	2	15	2	50	
à Sundert	3	28	4	30	Pays plat, peu cultivé, un peu marécageux.
à BREDA (c)	2	10	2	10	
	lieues.				
à Donge	2	6	1	15	A 25 minutes de chemin de Capel, on passe en bateau la vieille Meuse.
à Capel	2	6	1	20	
à Duffel	2	6	1	25	
Passage de la Meuse		2		25	Duffel, pays, plat, marécageux.
à GORCUM	1 ½	5	2	35	
à Meerkirche	2	6	1	15	On perd beaucoup de temps à entrer les équipages dans le bateau.
a Vianem	3	10	1	55	
Passage du LELCK	¼	1	1		
à UTRECHT	2	6	1		On est 10 minutes à passer le LELCK en bateau.
(a) Chez Dubich, vis-à-vis bains.	39	234	46	20	

(b) A la Ville de Bruxelles bonne auberge.

(c) Au Prince Cardinal.

REMARQUES.

JULIERS, ancienne & forte ville, avec une bonne citadelle. Il y a un joli pont de bois avec une belle rampe
de fer.

AIX LA-CHAPELLE, grande & belle ville impériale dans le
Cercle de Weſtphalie, ſituée dans un fond environné de
montagnes. Les bains, l'hôtel-de-ville, --- la cathédrale où
l'on fait voir les *Regalia* de Charlemagne, ſon épée, ſon
baudrier, &c. ſon Nouveau Teſtament. Ces trois choſes
ſervent au couronnement des Empereurs.

ANVERS, grande, belle, & autrefois l'une des plus riches
villes du monde & des plus commerçantes, ſur l'Eſcaut qui
eſt très-large ici. Les édifices publics ſont d'une grande
beauté; les rues ſont propres & larges. La cathédrale eſt un
ouvrage achevé; la tour en eſt admirablement bien travaillée;
on y voit deux beaux tableaux de Rubens, l'Aſſomption &
la Deſcente de la Croix; la magnifique chapelle de la Con-
frairie du ſaint Sacrement; l'hôtel-de-ville, dont la façade
eſt de 250 pieds, & l'avant-corps décoré des cinq ordres
l'un ſur l'autre. La place de Mer, la maiſon du Baron
Fraula : les Jéſuites; la façade eſt de Rubens; l'intérieur
eſt fort orné, & avec de beaux tableaux : --- les Auguſtins,
le tableau du grand autel, de *Rubens*, & l'extaſe de ſaint
Auguſtin, & un crucifix de *Van Dick*; --- les Carmes dé-
chauſſés, tableaux de Rubens; ſaint Jacques, tableau du
grand autel par Rubens. Collections des tableaux de M.
Van Scorel, de Madame Boſſcheert, où ſont l'enlevement
des Sabines, de *Rubens*, & quelques-uns de Van Dick & de
Brughel. L'Abbaye de ſaint Michel, bâtiment vaſte. Monument de Marie, Reine d'Ecoſſe, à ſaint André. Cabinet de
M. Van Langres.

BREDA, palais du Prince d'Orange, Seigneur de la ville,
qui eſt très-bien fortifiée. Elle eſt ſur le Merck, dans une
plaine très-fertile, & eſt très-propre & très-bien bâtie.

UTRECHT, grande & belle ville, avec une Univerſité

De COLOGNE à UTRECHT.	Poftes.	Diftance en milles anglois	Temps en route.	OBSERVATIONS LOCALES.
			h. min.	

SUR ROME.

fameufe, particuliérement pour le *Droit*, fituée fur l'ancien canal du Rhin. Elle eft célebre par le projet de l'union des fept Provinces qui y fut figné. Par le Traité de 1713 qui s'y conclut. — L'hôtel-de-ville. — La tour de faint Martin a 460 marches, environ 360 pieds de hauteur. Du fommet on découvre Amfterdam, & quinze autres villes confidérables. Le mail, de 7 rangs d'arbres, eft fort beau.

D'UTRECHT à AMSTERDAM.	Postes.	Distance en milles anglois	Temps en route.		OBSERVATIONS LOCALES.
			h.	min.	
D'UTRECHT à Montfort }	4	10	2	8	Le terrein est presque par-tout humide & marécageux.
à Oudewater	2	6	1	10	On y seme peu de grains. Tout entre-coupé de canaux.
à Gouda	1 ½	4 ½		50	On passe ici l'Yssel sur un pont.
à ROTERDAM	4	12	2	15	Campagne agréable & bien cultivée.
à DELFT	3	9	1	40	
à LA HAYE (a)	1 ½	5		55	A 2 milles de la Haye est Ruyswick.
	16	46 ½	8	58	Pays très-plat : les
De LA HAYE à LLYDEN }	Par eau	9	4		eaux y sont quelquefois plus hautes que le terrein.
à Alphen		7 ½	3		
à AMSTERDAM (b)		18	6	30	Par eau, dans un yacht commode, on peut aller en six heures par terre.
		34 ½	13	30	De Buyksloot on voit Saardam.
D'AMSTER-DAM à Buyksloot		3	1	8	De Brock on revient si l'on veut,
à Brock		3	1	10	par terre à AMSTER-DAM : c'est le plus
à Tollhuys		4		55	court.
à AMSTERDAM		½		10	On passe l'eau de
		10 ½	3	23	Tollhuys à AMSTER-DAM.

(a) Chez Benoit, au Vieux Doelen.
(b) Chez Thiebault Warmoes Strass.

REMARQUES.

REMARQUES.

Oudewater eſt une jolie petite ville fortifiée.

Gouda ſur l'Yſſel, remarquable par ſa belle égliſe, où ſont les plus belles vitres peintes qu'il y ait en Europe.

ROTERDAM, belle ville, riche & forte, avec un très-beau port. L'hôtel-de-ville, la maiſon de la Banque, celles des Compagnies des Indes, & les arſenaux, ſont des bâtiments magnifiques. Elle eſt traverſée par ſept canaux. Des vaiſſeaux de 300 tonneaux viennent juſqu'au centre de la ville. C'eſt la patrie d'Eraſme, dont on voit la ſtatue de bronze dans le marché. Il y a beaucoup de tombeaux des Amiraux de Hollande dans la grande égliſe. On l'appelle le petit Londres, à cauſe de la quantité d'Anglois, qui y ſont établis.

DELFT, belle ville. L'hôtel-de-ville, magnifique. —Environ 22,000 ames. Patrie de Grotius.

LEIDEN, belle & grande ville, — fameuſe Univerſité,— hôtel-de-ville, où ſe voit le fameux tableau du Jugement dernier par Jean de Leyden ; ſituée ſur le vieux canal du Rhin, dans une belle plaine. — Le Jardin botanique ; — le cabinet d'hiſtoire naturelle.

Brock, village ſingulier par l'excès de la propreté qui y regne. Les maiſons peintes en dehors ; les tuiles des toits peintes & verniſſées ; les rues auſſi propres que l'intérieur des maiſons.

AMSTERDAM, l'une des plus riches & des plus floriſſantes villes du Monde. Beau port. La ville, bien coupée de canaux, avec des quais bordés d'arbres. Maiſon-de-ville, bâtiment quarré ſuperbe, dans lequel ſont de très-beaux tableaux de *Rembrandt*, de *Vandick* & de *Wilz*. La grande ſale eſt très-belle. — La Bourſe eſt encore un des plus beaux ornements de la ville. Le pont ſur l'Amſtel, beau morceau

D'UTRECHT à AMSTERDAM.	Postes.	Distance en milles anglois	Temps en route.	OBSERVATIONS LOCALES.
			h. min.	

REMARQUES.

d'architecture; l'Amirauté, la Synagogue.— Il entre 2,000 vaiſſeaux par an dans le port. On compte 250,000 habitants. Le tableau de *Rembrandt*, dans l'hôtel-de-ville, eſt une piéce de nuit de 12 pieds de haut & 15 de large.

D'Amsterdam à Bruxelles.	Postes.	Distance en milles anglois	Temps en route.		Observations locales.
			h.	min.	
D'Amster-dam		12	2		
à Harlem (a)					On va par terre à Harlem
à Leiden		15	4		
à la Haye		10	3		De la Haye à Roterdam, campagne charmante.
à Delft	1 $\frac{1}{2}$	5	1		
à Roterdam	3	9	1	30	
à Nieuwehr-kerk'	1 $\frac{3}{4}$	5	1		
Paffage de l'Yf-fel				25	
à Krimpen	$\frac{3}{4}$	2 $\frac{1}{2}$		25	
Paffage du Leek				35	Le Leek eft un bras du Rhin.
à Ablafferdam	1	3		30	
à Wuylendham	4	10	1	45	
à Gorcum (b)	3 $\frac{1}{2}$	9	1	45	
Paffage de la Meufe		$\frac{1}{2}$	1	30	Ce paffage n'eft que de 25 minutes; mais on attend.
à Duffel	1 $\frac{1}{2}$	12	2	25	
à Capel	2				Un peu avant d'arriver à Capel on paffe la vieille Meufe; un court trajet de 5 minutes.
à Donge	2	6	1	40	
à Breda	2	7	1	45	
à Etten	2	6 $\frac{1}{2}$	1	5	
à Rofendall	3	9	1	45	
à Berg-Op-Zoom (c)	3	9	1	55	Pays de Bruyeres & plat.

(a) Au Lion d'or.
(b) Au Doelen.
(c) A la Cour de Hollande.

REMARQUES.

HARLEM, grande ville d'environ 30,000 ames. On y réclame l'honneur de l'invention de l'Imprimerie par Laurent Coster en 1440, & du premier tableau peint à l'huile par Jean Eyert en 1437. On y fait un grand commerce de fleurs. J'ai vu le 20 Mai 1771 une Jacinthe, dont le propriétaire avoit refufé dix mille francs.

LA HAYE, village magnifique des Provinces - Unies, le centre du Gouvernement de la République de Hollande, la réfidence du Prince d'Orange & des Etats Généraux, comparable aux plus belles villes de l'Europe. En 1768 on y comptoit 40,000 ames. Le palais du Prince, & autres beaux édifices. Le cabinet d'hiftoire naturelle du Prince d'Orange contient des curiofités très - rares des Indes, fur-tout en oifeaux & en papillons. Le Bois - des - Roffignols près de la ville eft une promenade charmante. — Belle maifon du Comte Bentinck à un mille de là. Schevelinge, port de Pêcheurs à deux milles. Cabinet des médailles & des pierres gravées du Prince, où font des coins de grand bronze romain.

BERG - OP - ZOOM, ville forte du Brabant hollandois petite, mais jolie, très - bien fortifiée. On voit les fouterrains, la galerie par où les François entrerent par furprife en 1747. Les ravelins de la Pucelle & de Cohorn, où étoient les bréches faites avant l'affaut, & le fort d'Edeu entre ces deux, qui ne fut pris qu'après la ville.

D'Amsterdam à Bruxelles.	Postes.	Distance en milles anglois	Temps en route.		Observations Locales.
			b.	min.	
à Hoogerkey-de	1 ½	5	1	15	
à Putten	2	6	1	15	
	Postes.				
à Capellen	1	3	-	40	Beau pays plat, bien cultivé.
à Anvers	2	9	1	30	Beau pays plat,
à *Malines*	2 ½	16	2	25	bien cultivé sur l'Escaut.
à Bruxelles (*a*)	2 ½	15	3	10	De *Malines* à Bruxelles le chemin de
(*a*) A la Cour de Hollande.		184	40	15	Wilvorden est magnifique.

REMARQUES.

BRUXELLES, Capitale du Brabant & des Pays-Bas autrichiens, belle, riche & grande ville, partie fur une éminen-
ce, & partie dans une plaine agréable & fertile fur la Senne.
L'hôtel-de-ville eſt le plus joli bâtiment gothique qui fe
puiſſe voir; la tour en eſt d'un travail achevé. La place de
l'hôtel-de-ville eſt fort orné, mais d'un très-mauvais goût.
On y voit (entr'autres preuves) une ſtatue équeſtre fur le
haut d'une maiſon. Il y a un fort beau cours appellé l'*Allée
verte*.--- Sainte Gudulde eſt une belle égliſe.--- Belles ta-
piſſeries dans les appartements de l'hôtel-de-ville. --- Le
cabinet d'hiſtoire naturelle & de curioſités du Prince Charles
mérite d'être vu, ainſi que ſa petite ménagerie. On y faiſoit
voir un lapin qui couvroit une pôule, dont on produiſoit
même des petits; mais c'eſt une impoſture du Jardinier, &
les poulets qu'il fait voir ſont une eſpece particuliere dont
la plume, au premier coup d'œil, a l'apparence du poil d'un
lapin blanc. Il y a de très-beaux tableaux dans les cabinets
de M. Dannoot & du Chevalier Verhulſt. --- Près de
BRUXELLES eſt l'Abbaye de Tervuren, lieu de plaiſance du
Prince Charles. En y allant on traverſe la belle forêt de
Sogne, laquelle eſt en coupe réglée, qui rapporte un million par an à l'Impératrice. On y compte environ 50,000
ames.

H 4

De BRUXELLES à CALAIS.	Postes.	Distance en milles anglois.	Temps en route.	OBSERVATIONS LOCALES.
			b. min.	
De Bruxelles à *Louvain*	3	17	3	Très - beau pays plat, bien cultivé, abondant en bleds, en pâturages.
à Tirlemont	2	12	2	
à St. Trond (*a*)	2	12	2	Il y a de très-beaux chemins de chauſ-
à Tongres	1 1/2	12	2 50	chemins de chauſ-
à MASTRICHT	1 1/2	14	2	fées.
à Tongres	1 1/2	14	2 40	
à LIEGE	1 1/2	13	2 40	
à SPA (*b*)	3	28	2 50	
			2 40	
à LIEGE	3	28	7	
à S. Tron	3 1/2	24	4	
à Tirlemont	2	12	2	
à Louvain	2	10	1 50	
à BRUXELLES	3	17	2 45	
à *Aſche*	1 1/2	9	1 30	
à Aloſt	1 1/2	8	1 20	
à Quadregt	1 1/2	9	1 43	
à GAND (*c*)	1	6	1	
à Petteghen	1 1/2	12	1 30	
à S. Eloi	1 1/2	8	50	Pays plat, très- bien cultivé, beaux
à COURTRAY	1 1/2	7	1 15	bien cultivé, beaux chemins, villes bien
à Menin	1	6	1	chemins, villes bien bâties.
à Ypres	2	10	1 55	bâties.
à Roſebrugge	2	13	2 40	En ſortant de Roſe- brugge, après avoir paſſé l'Yſer on entre en France.

(*a*) A la Poſte
(*b*) Chez Ogil-vie.
(*c*) A Saint Sé-baſtien.

REMARQUES.

Louvain n'a rien de remarquable que fon Univerfité, qui eft fort célebre, & l'hôtel-de-ville, édifice gothique, dont la façade eft belle.

MASTRICHT, ville forte appartenant aux Hollandois. La maifon-de-ville, & les autres édifices publics y font très-beaux.

Il ne faut pas négliger, en paffant par *Afche*, d'y voir un beau tableau de Rubens dans une églife.

GAND, très-grande ville, qui contient environ 70,000 ames. Patrie de Charles V, dont on montre encore la maifon. Il y a beaucoup de beaux édifices publics. --- L'Abbaye de faint Pierre, *la Cathédrale*, dont la chaire eft magnifique; un beau tableau de Rubens dans une des chapelles, &c. l'hôtel-de-ville.

De BRUXELLES à CALAIS.	Postes.	Distance en milles anglois	Temps en route.		OBSERVATIONS LOCALES.
			h.	min.	
à *Berg* (*a*)	1 ½	10	2		
à DUNKERQUE	1	5		50	
à Gravelines	2 -	10	2	40	
à CALAIS (*b*)	2 ½	14	3	30	

(*a*) A la Tête
d'or.
(*b*) Chez Def-
fain.

REMARQUES.

De LONDRES à BATH & BRISTOL.	Postes.	Distance en milles anglois	Temps en route.		OBSERVATIONS LOCALES.
			h.	min.	
De LONDRES à Hounslow		10	1		Pays plat, très-bien cultivé.
à Salt-Hill		21 ½	2	10	
à Reading		17 ½	1	50	Campagne charmante; vues très-agréables.
à Spineham-land near Newberry		14 ½	1	46	
à Marlbo-rough		18 ½	2	6	Collines & vallons; pays riant; terrein fertile.
aux devises		14	1	22	
à Bath (a)		15 ½	2	0	
(a) A York-House, Princes Street.		111 ½	12	14	

REMARQUES.

A deux ou trois milles avant d'arriver à Hounslow est *Syon*, maison de plaisance du Duc de Northumberland, & embellie par ce Seigneur avec tout le goût possible. Je ne connois point de lieu où l'art & les richesses soient mieux employés.

Bath, ville magnifique, fameuse par ses bains chauds, & le rendez-vous de la meilleure compagnie de l'Angleterre. C'est une des villes la mieux bâtie de l'Europe; non seulement il y a des édifices publics très-beaux, mais des quartiers entiers de la ville ont été bâtis sur un même plan. Le Quarré de la Reine, le Cirque, le *Crescent*, seroient des ornements pour Londres, pour Paris, ou pour Rome. Les sales d'assemblées sont belles & bien réglées : la police est très-bien établie dans la ville : les denrées y sont à très-bon marché; en sorte qu'il est difficile de trouver dans le monde une ville qui réunisse plus de commodités & d'agréments.

Du Château de BELMONT à EDINBOURG.	Postes.	Distance en milles anglois	Temps en route.		OBSERVATIONS LOCALES.
			b.	min.	
De BELMONT à PERTH		17	3	15	BELMONT est joli-ment situé sur une
à Kinross		15	2	30	éminence , dans la
à Norts-Ferry	Par eau.	15	2	40	plaine de Strathmo-re, qui a 120 milles
à Queen's-Ferry		2		45	de long. Il y a un très-joli bois près du
à ÉDINBOURG		9	1	50	château. A 4 milles de là est la tour de
		58	11	0	Kilpurny, bâtie par M. de Mackenzie ,
					d'où se voit la mon-tagne d'Arthur, près
Autre Route de BELMONT à EDINBOURG.					d'ÉDINBOURG , à 58 milles de BELMONT.
De BELMONT à Dunkeld		20	4		Pays de bled, très-bien cultivé.
à Castle-Men-zies		$17\frac{1}{4}$	3	30	Près de Castle-Men-zies est la cascade de
à Crief		22	4	30	Monefs, lieu charmant & tout-à-fait pitoref-
à Stirling		20	4	15	que. On y va, par une promenade de 2 milles,
à Falkirk		10	2		le long d'un ruisseau entre deux collines ,
à Linlithgow		8	1	40	couvertes de bois ; le
à ÉDINBOURG		$16\frac{1}{2}$	3	15	ruisseau coule au fond du vallon, quelquefois
		$113\frac{3}{4}$	23	10	tranquillement, & fou-vent se précipitant par

vingt endroits diffé-rents, forme les casca-des les plus agréables.

Stirling , dans une situation charmante sur un rocher , d'où l'on découvre une plaine ri-

REMARQUES.

BELMONT appartient à M. Stewart de Mackenzie, Garde du sceau privé d'Ecosse, qui a fort embelli ce séjour, & a rebâti le château. — A environ 10 milles de là est la montagne de Dunsinnan, fameuse pour avoir été la résidence de *Macbeth*, qui y avoit bâti une forteresse, d'où il fut chassé par *Malcom*, (petit-fils du Roi *Duncan* qu'il avoit assassiné) aidé de *Macduff*, Comte de Fife. — *Macduff* poursuivit *Macbeth*, & le tua près de BELMONT, à un endroit appellé *Belly-Duff*, où se voit le tombeau de *Macbeth*, à deux cent pas du château.

' Dunkeld, lieu de résidence des Ducs d'Athol, près duquel est le bois de Birnham, fameux dans la tragédie de *Macbeth*.

Castle - Menzies, au pied de la montagne de Wheems. A cinq milles de là est Taymouth, terre de Milord Breadalbane, dont les beautés naturelles sont au-dessus de toute description.

Près de Falkirk se voit le canal qui doit joindre l'Océan avec la mer d'Allemagne par la communication de la riviere *Clyde* & du *Firth* de *Forth*.

Autre Route de BELMONT à EDINBOURG.	Postes.	Distance en milles anglois	Temps en route.	OBSERVATIONS LOCALES.
			h min.	che & fertile de 80 milles de circonférence, agréablement arrosée, & bornée de tous côtés par des collines.

F I N.

TABLE

De ce qui est contenu dans ce Volume.

Fin de la Table.

www.ingramcontent.com/pod-product-compliance
Lightning Source LLC
Chambersburg PA
CBHW060802110426
42739CB00032BA/2424